苦手でもできる！ICT&AI超入門

朝倉 一民 著

個別最適な授業づくりから仕事術まで

超入門

JN041571

明治図書

はじめに　―SAMR モデルで考える学校 DX―

　GIGA スクール構想が発表され，国内の小中学校に 1 人 1 台端末が配備されました。新型コロナウイルスも 5 類移行となり，各学校では本格的な 1 人 1 台端末の活用，学校 DX が求められています。学校 DX とは，「学校がデジタル技術を活用して，カリキュラムや学習のあり方を革新することや，教職員の業務や組織，プロセス，学校文化を革新し，時代に対応した教育を確立すること」ですが，現場ではまだ難しいものがありそうです。

　SAMR モデルと呼ばれる学校現場における ICT 活用レベルを段階的に示した尺度があります。ICT の広まり，変革過程の順に，次のような段階が示されています。

レベル 1：Substitution（代替）
　従来の教育活動を機能は変えずにアナログをデジタルで代替すること。

レベル 2：Augmentation（増強）
　デジタルの特性を活用して学習の効果を増強させていくこと。

レベル 3：Modification（変容）
　これまでの授業・単元デザインを大幅に変容させていくこと。

レベル 4：Redefinition（再定義）
　従来できなかった新しい授業を可能にし，教育課程を再定義すること。

　あなたの学校では，ICT の活用はどの段階まで進んでいるでしょうか。1 人 1 台端末の配備によって，多くの学校ではレベル 1 は達成しています。また，ICT のよさを実感し，積極的に先生たちが活用しはじめた学校はレベル 2 まで達成していることでしょう。私は文科省学校 DX 戦略アドバイザーとして，いろいろな自治体の相談を受けてきましたが，ほとんどの自治体・学校では，レベル 3 の壁を感じているようでした。実際，このレベル 2 からレベル 3 に進むことが学校 DX と呼ばれています。レベル 3 で言われる「これまでの授業・単元デザインを大幅に変容させていくこと」やレベル 4 で言われる「従来できなかった新しい授業を可能にし，教育課程を再定義するこ

と」への移行の難しさには次のような原因があると感じています。

① **根強い古い学校文化の体質**

　教員は基本，小学校から大学まで教育機関という場所で育ち，卒業後も学校で生活していきます。働くイメージは自分たちが受けてきた授業でしかありません。つまり，新卒の小学校の教員は10年前の小学校のイメージで教員を続け，新しい知識を入れない限り，40才でも50才でもその頃のイメージが残っています。学校文化が変わらない大きな要因の一つです。

② **単元全体をデザインする授業観**

　学校現場には「指導方法」も文化として根強く残る体質があります。いつまでたっても「○○新聞」をつくろう，「宿題を忘れないように」といったステレオタイプの教育が根強く残っています。もちろん，自分なりに「研究授業」で単元全体を教材化する先生もいますが，「働き方改革」や「新型コロナ」によって，「効率的・効果的な授業」が評価され，教科書通りの展開，学年で揃えた授業，教材の共有など，実際，今の現場は先生たちの想像性を発揮できない風土が強まっています。

③ **リーダーシップの欠如**

　教育課程は本来，学校に委ねられています。しかし，「新型コロナへの対応」や「GIGA スクール構想」といった大きな教育方針や改革が続いたこともあり，現在は学校長は教育委員会に頼り，教育委員会は文科省に頼りといった状況が強く，各学校で独自のカラーを出しづらくなっているような気がします。

　学校とは未来の国をつくる場所です。大きな社会の変化に対応できる国づくりのために学校が一番に変わらなければなりません。新型コロナが落ち着いた今だからこそ，今一度，学校における ICT 活用を学び直し，新しい学校づくりを行ってもらいたいと願っています。そのために本書は ICT が苦手な人はもちろん，リーダーである校長先生，新しく教員になる若手の先生にもぜひ手にとって欲しい一冊です。

も

く

じ

3章　1からわかるICT授業！　一斉学習編

4章　1からわかるICT授業！　個別学習編

5章　1からわかるICT授業！　協働学習編

6章 評価もこれで楽になる！ ICT を活用した評価

7章 ICT を活用して校務を DX 化！

8章　こんな便利なもの使わない手はない！　生成 AI 活用法

苦手でもできる！
ICT 活用超入門編

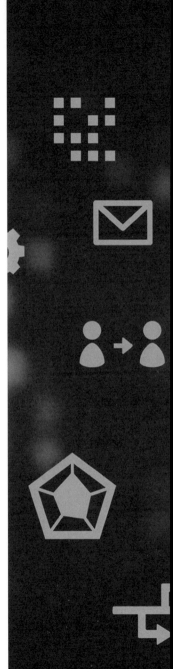

1 章

ICT を活用した授業への挑戦
─伝統的な教育手法からの脱却─

> 授業はチョークと黒板で勝負！ 教材研究は足で稼いでネタを探して……。でも，もっと効率的な授業を目指しませんか？

 これまでは授業技術が求められてきた

「発問に主語がないから子どもが戸惑っていたね」

「板書をもう少し構造的にしたほうがいいね」

「指示が伝わっていない子どもがいたね」

かつて，研究授業の後には，こうしたことをよく言われたものです。

授業名人と呼ばれる先生は，教材を提示し，発問で子どもたちの問いを引き出し，多くの子どもたちに発言させます。そして，35人の表情を確認して，机間指導で子どもたちのノートを確認しながら，美しい板書をつくっていくのです。

そんな名人を目指して，どの先生も授業技術を磨いてきました。ある意味，私たちは「教えるプロ」です。こういった技術を身につけることは，プロ意識をもつこと，授業に誇りをもつことであり，伝統的な日本型教育を維持してきた最大の要因と言えます。そして，それはこれからも変わることのない大切な授業技術と言えます。

しかしながら，これまでの「板書型一斉授業」では限界があったのも事実です。授業中に，35人の様子を瞬時に見ることは不可能です。子どもたちのノートの記録を全て保存し，いつでも見られるようにするなどということも手間がかかります。もしも，子どもたちのノートをまとめて見られるようにできたなら。教材を子どもたちに一瞬で配付できたなら……。そんな魔法のようなことが，GIGA スクール構想で現実になったのです。

魔法を使わない理由はない！

　GIGA スクール構想によって，日本中全ての子どもたちの手元に 1 人 1 台端末が配付されたことで，私たちは「ICT」という魔法を手にしました。これを使わない手はありません。

　「ICT と言われても，何ができるかわからない」という先生もいるでしょう。インストールされているアプリにもよりますが，概ね以下のようなことができます。

・子どもたちの端末画面を先生の端末，大画面に投影できる
・互いの画面を共有でき，「いいね」や「コメント」などの評価ができる
・同じファイルを同時に読み込んで，同時に編集できる
・一斉に教材データを送信したり，回収したりすることができる
・テストを作成し，自動採点，点数集計できる
・アンケート集計，グラフ作成ができる
・離れた場所でもオンライン会議ができる
・写真や動画を撮影したり，編集したりすることができる
・インターネット上にデータを保存することができる

　この他にも，端末にインストールされているアプリによって様々なことができます。これからも増えていくことでしょう。まずは，どんなことができるのかを知ることが大切です。

これで簡単！　ワンポイントアドバイス！

　「使わなければいけない」「覚えなければならない」という思考ではなく，「こんなことができるのか！」「じゃあ，こんな授業ができそうだ！」という想像力をもつことが大切です。

ICT のメリット
―子どものやる気向上で授業がやりやすくなる！―

> 家庭環境もそれぞれ違う子どもたちに等しく行き渡った1人1台端末。それぞれの子が秘密道具をもった気分でしょう。

 ## データで見る子どものやる気

やる気アップは，実はデータにもはっきりと現れています。

令和5年度の「全国学力・学習状況調査」の中の質問紙調査では，「学習の中でコンピュータなどのICT機器を使うのは勉強に役に立つと思いますか」の問いでも，95.1%の子どもたちが肯定的に捉えています。教員のICTへの思いには差があるようですが，子どもたちのICTへの期待は大きいようです。

 ## 心理学的に見る子どものやる気

子どものモチベーションについて，教育心理学者のジョン・ケラーが1983年に「ARCSモデル」として提唱しています。それは学習者のやる気アップのための4つの関わりです。

注意喚起（Attention）…「もっと知りたい」という探究心を刺激
関連性（Relevance）…「身近なもの」「やりがい」があること
自信（Confidence）…「成功体験」「やればできる」という経験
満足感（Satisfaction）…「有効性」「称賛・報酬」「公平さ」を実感

このように教育の現場には多くの先行研究があります。しかし，学校現場ではこのような先行研究を調べることはほとんどなく，「○○だと子どもたちが喜ぶよ」「○○はつまらないからやめよう」などと教師の主観で判断してきたことがほとんどではないでしょうか。

「ARCS モデル」の４つの関わりはもてていたでしょうか。

これまでの授業では，授業の中の「発問」や「学習問題」は子どもたちの知的好奇心を刺激するように考え出され，身近なものを教材にして，子どもたちが親しみやすいものからはじめることで子どもたちのやる気を引き出すことが定番でした。しかし，どうでしょう？　「成功体験」は与えられたでしょうか？　子どもたちの学びの環境は「公平」だったでしょうか？

例えば，「成功体験」はどうでしょう。どの子も学びの成果に自信をもてていたでしょうか。ペーパーテストで間違えた問題について，「正答」を見ながら，答え合わせをしても「成功体験」とは言えません。作文指導では文字を書くのが遅い子，字が雑な子は何度もやり直しになりました。叱られながら「時間切れ」で提出する子もいたはずです。しかし，１人１台端末のある授業では，AI ドリルが苦手な問題を出題し，即座に解答でき，点数も記録化され自分の伸びが記録されます。作文などは編集が何度もできるので，文章を入力することでどの子も等しく評価できます。また，ネットにつながって遠方の人と交流したり，プレゼンテーション，新聞作成，動画作成などをしたりと表現方法も多様で，しかも子どもたち全員が公平に取り組むことができます。

これで簡単！　ワンポイントアドバイス！

知的好奇心や「やりがい」を生む学びは，１人１台端末を活用することで，さらに子どもたちの成功体験や満足感を引き出し，子どもたちの学ぶ意欲を継続させることにつながります。

ICT のメリット
―周囲の信頼度もアップ！―

環境は整いました。1人1台端末……，保護者はどんな授業をするのだろうと期待大！　先生はその期待に応えなければいけません！

 保護者の期待は当然！

　GIGA スクール構想と言っても，保護者は何のことかわからない方がほとんどだと思います。考えてみれば，教員の皆さんも教育関係以外の国の政策，例えば，国土交通省の「生産性革命プロジェクト」などはわからないことでしょう。だから保護者は，「学校で1人1台パソコンが当たるらしい」「これからはパソコンで勉強するみたいだよ」「最先端の授業になるみたいだよ」などと，想像しています。一方で，「目が悪くなる」「パソコンよりも人間関係が大切」「いじめの原因になる」といったネガティブな反応も必ずあります。しかし，多くの保護者は，これからの「新しい教育」「変わる授業」に期待しているはずです。こうした保護者の気持ちを理解して，学校側も丁寧に情報を発信することが大切です。1人1台端末について，「鉛筆やノートと同じ学習用具として考えてください」「だから持ち帰って家庭学習で活用することもあります」「学級閉鎖のときはオンラインで授業をすることができます」などと，わかりやすく説明する責任が私たちにはあります。

 学級通信や学校ホームページで

　子どもたち全員が学校でのことを家で話すわけではありません。学校のことをあまり話さない子どもの家庭には，学校ではどんなことをしているのかな，と気になる保護者もいることでしょう。だからこそ学校は，積極的に学校の様子を伝える必要があります。そこで，学級通信で1人1台端末を使っ

ている様子を伝えてみましょう。うまく活用していることだけではなく，苦労しながらも活用している（先生も頑張っている）様子が伝わるように，毎号小さなコラムで伝えると，保護者も応援してくれるはずです。

さらに私がおすすめするのは，「学校ホームページで写真と一緒に伝える」ことです。1人1台端末を活用している1場面を切り取った写真をホームページにアップします。キャプションとして活動の内容を簡単に付け加えます。「こんなふうに使っているんだな」と保護者もイメージが湧きます。ホームページは毎日更新することが大切です。全職員で取り組めば学校ホームページの更新も活性化します。実は，このように取り組むと，保護者も毎日学校ホームページを確認するようになり，重要な連絡などが届きやすくなるメリットもあります。

少し慣れてきたら参観日に公開！

鉛筆やノートと同じ感覚で使用するのが「1人1台端末」です。参観授業でも積極的に活用しましょう。大画面に先生用端末をつなぎ，学習支援ソフトで子どもたちの画面をまとめて表示するだけで近未来の授業です。

これで簡単！　ワンポイントアドバイス！

> 公開する写真は，先生が指導している様子よりも，スライドで自分の考えを発表したり，Google Jamboard などの共同編集を行ったりする様子など，子どもが主体的に活動している姿を見せるほうが効果的です。

ICT のメリット
―校務の効率化でここまで仕事が楽になる！―

> ICT，GIGA スクール……，なんだか忙しいイメージ。でも，そんなはずは
> ありません！　テクノロジーは私たちの仕事を効率化します！

 ## 効率的な評価が可能

　教師の仕事で一番，神経を使い，時間もかかるのが評価活動です。テスト
を作成したり，市販のテストを購入したりして，定期的に子どもたちに取り
組ませ，採点して，「知識・理解」の評価をします。1クラス分のテストの
採点で1時間はかかります。さらに，子どもたちの「技能」を評価するのに，
活動の様子を動画で記録することもあります。「思考力・判断力」は子ども
たちのノートや発言を記録したり，「表現力」は学習の成果を記録したりし
て評価します。これら日常的な評価を形成的評価として子どもにフィードバ
ックし，最終的には総括的評価で通知表の作成をします。しかし，保護者か
らの電話，子どものトラブル，校務分掌など仕事は多岐にわたることもあり，
日常の評価がおろそかになり，十分に子どもたちの力を育てきれず，通知表
のための評価になっていることも多いのではないでしょうか。

　例えば日常の小テストなどは「Google Forms」などで業者テストと同じよ
うなものが作成でき，採点，集計，記録，グラフ化が可能です。業者テスト
では十分に測れない，思考力，判断力，表現力等は，成果物を提出させたり，
動画に記録したりして評価することが可能です。記録化することも容易です。
ルーブリックを作成し，評価基準を可視化して評価を共有したり，個々にコ
メントを送ることなどもできるので，日常的にノートを集めたり，新聞を提
出させたり，赤ペンでコメントを記入したりという作業よりもずっと効率化
することが可能です。

教材作成や資料作成の効率化

わかりやすい授業を行うため多くの教材・資料を作成してきました。写真を拡大印刷したり，問題文を模造紙に書いたり，資料を印刷して配付したり……。放課後は授業準備で終わります。授業の準備時間だけでなく，先述したような業務があ

ると，授業準備が疎かになってしまいがちでした。授業の際には大きく提示するのが基本でしたが，1人1台端末がある現在では，子どもたちの端末に「送る」だけで済みます。しかもカラーで，枚数制限もなく，音声も動画も配布可能です。さらに，それらは子どもたちの端末に保存されるので，なくすこともありません。これだけでもかなりの授業準備時間が効率化されます。

 ## 職員会議等もペーパーレスに！

校務のペーパーレス化も重要な「働き方改革」です。年度，分掌ごとにフォルダを作成します。フォルダ階層が深すぎると，見つけづらくなるので，基本的に階層は年度ごとに1階層にするのがおすすめです。職員会議も通し番号のルールを設定し，提案文書をPDF化することで，職員はどこからでも提案を確認できるようになります。

03-01-00	★職員会議
03-01-01	校務運営計画
03-01-02	学校経営方針
03-01-03	学校長全般
03-02-01	教頭-組織運営
03-02-02	教頭-教職員服務関係
03-02-03	教頭-児童

NO	部	協議・連絡	内容
111	教務	協議	次年度年間行事予定ver9
112	教務	協議	4月行事予定
113	教務	協議	入学受付実施要領
114	教務	協議	教材採択基本方針
115	教務	協議	次年度時数

これで簡単！　ワンポイントアドバイス！　

このような学校のDX化は先進校の事例や，具体的な効果をわかりやすく職員に伝えることからはじめましょう。文科省の方針等を伝え，その取り組みに説得力をもたせることも効果的です。

ICT のメリット
―子どもに今求められる力―

> 「知識・技能」だけではなく，それらの「活用力」や「態度」を育てていくために，ICT 活用は必要不可欠です！

 ## 結局，「資質・能力」って何？

現行学習指導要領では「資質・能力」という言葉がよく聞かれるようになりました。しかし，「資質・能力」とは何でしょう？　実は資質・能力は，「コンピテンシー」を日本的に言い換えたもので，直訳すると「有能さ」ということになり

ます。ということは「資質・能力」は，教科学習や問題解決場面によって多様にあることになります。それをわかりやすく3つの柱でまとめたのが右上の図です。「何を理解しているか，何ができるか（知識及び技能）」「理解していること・できることをどう使うか（思考力，判断力，表現力等）」「どのように社会・世界と関わり，よりよい人生を送るか（学びに向かう力，人間性等）」といった3つの視点でまとめられます。

 ## 知識を働かせるために ICT で育てる思考力

思考力は資質・能力の中でも「中核」をなす汎用的スキルです。思考は自らの知識を働かせることで発揮されます。自分の考えを表現するときは，これまでは学習ノートが思考基地でしたが，何度も書いたり，書き換えたり，編集したり，蓄積したりすることができる1人1台端末は効果的なツールとなります。また，考えをカード化してシンキングツール上に自由に位置づけ，

移動させながらカテゴライズするなど，思考を視覚化することに適しています。視覚的にも，時間的にも柔軟に考えられることで，自分自身の判断力を高めることができます。

（右の写真はロイロノート・スクールで自分の調査したことを分類している様子です）

 知識を働かせ ICT で育てる表現力

知識を働かせ，考え，判断したことを表現することが求められています。ただ「クラスのみんなの前で発表する」のではありません。自分なりに「思考・判断したこと」を表現するのですが，それが未熟な子も多く，「伝わらない」子も多いために，聞いている側もストレスがたまり，表現する側はますます「苦手意識」をもってしまうという悪循環があります。しかし，これらは ICT を活用することでかなり解決できます。「実物投影機」を使えば，自分のノートや資料を大きく提示して，聞いている側に視覚的に伝えることが可能で

す。1人1台端末のアプリケーションを使うことで，自分の考えをストーリー化し，プレゼンテーションすることも可能です。

これで簡単！　ワンポイントアドバイス！

> ICT 活用で思考力や判断力，表現力を育てます。思考力や表現力が高まってくると，協力し合う心や，探究心，社会への意識といった「学びに向かう力，人間性等」が育っていくはずです。

ICT 活用の失敗が怖くなくなるコツ
―失敗は成功のもと―

> ICT 活用に失敗はつきものです。その原因を探り，次回までに解決することで ICT スキルが向上します。

ICT 活用は代替から

ICT でいきなり「遠隔授業」と言っても，これを成功させるにはいくつもの障害があります。回線，オンラインアプリ，ハウリング，画面共有……いずれは取り組みたいものですが，まずは「代替的な活用」からはじめることが大切です。それは，今まで取り組んできたアナログ的なものをデジタルに変えてみる程度の ICT 活用です。「アナログでもできるよね」と言われるかもしれませんが，「アナログでもできる」ことが保険となります。実物投影機で教材を提示しようとしたら，TV モニターにうまく映りません。そんなときは，板書用に印刷しておいた画像で授業を進めればよいのです。逆に，1 人 1 台端末の画面を TV モニターに転送して子どもに説明させたい場面で，転送がうまくいきません。そんなときは実物投影機を使って，子どもの端末の画面を直接投影しても，目的は同じです。代替的な活用の場合はアナログに切り替えることをプラン B として考えておくと，ゆとりをもって取り組むことができます。その後，画面に映らなかった原因を考えて，解決することで「ICT スキル」が向上するのです。

教員の情報活用能力

さて，思うように ICT 活用ができなかったとき，どのように原因を探ればよいのでしょうか？　ICT が得意な先生に聞くのも手かもしれませんが，相手の都合もあるので聞きにくさもあるのが正直なところです。そんなときは，

自分で調べてみて下さい。ICT が苦手な自分が解決することははじめから不可能だと感じていませんか？　実は，ICT 活用でよく起こるトラブルは検索すると様々な解決例がヒットします。「転送したけどモニターに映らない」場合は「転送　モニター　映らない」と検索すると「モニターの電源は？」「ケーブルは？」「入力切り替えは？」と確認すべきところが提案されます。また，「Yahoo!　知恵袋」などに投稿してみてもよいでしょう。すぐに解決

方法を探してくれる人たちがいます。情報活用能力は「学習の基盤となる資質・能力」ですが，それを身につける必要があるのは教員も同じです。ICT トラブルという予期せぬ問題を，自分自身で調べて解決する力を，子どもに指導するならば自分自身もできないと説得力がないということになります。

 ## ICT 活用が上達するコツ

　上達するコツはやはり何度も経験することです。そして，これは大丈夫という自信がもてる ICT 活用例を増やしていくことだと思います。逆にいつまでたっても上達しない人に共通するのが「メモをとらない人」と「なんでもかんでもメモをとるだけの人」のどちらかです。前者は「わかったふり」が多く，次の日には忘れています。後者はメモをとればいいと思って，とにかく「やり方」をメモし，その通りに実行しようとするので，ちょっとでもイレギュラーがあると混乱します。ICT 活用は「学び」です。教員は常に，学び続けるものであることを自覚することが大切です。

これで簡単！　ワンポイントアドバイス！

　教員にとって ICT トラブルは財産です。職員間で共有できるシステムをつくり，トラブルを共有します。後日それについての研修ができると組織全体の ICT 活用スキルが向上します。

子どもがスムーズに動くために！
―1人1台端末のルールづくり―

> 学校にきまりがあるように1人1台端末にもルールが必要です。学校，学年，学級という範囲で設定するとよいでしょう。

 ## 学校のルールは先生たちで話し合って共有

学校全体で決めなければならないルールは運用方針です。各学級や学年で違いが出ないように，学校全体のルールは運用前に統一することが必要です。運用方針となるルールの項目は以下のようなものです。

・端末の保管場所

・朝の活動などでの取り組み

・GIGA タイムなどの設定

・1人1台端末の持ち運び方

・授業時の保管場所（机の中，保管庫など）

・ID カードの保管方法

・名前シールの貼付場所

・活用時間，活用場所（授業時間外，教室外での活用）

・端末の持ち帰りの手順

学校全体のルールを決めることで，担任が変わっても大きな混乱は起きません。ルールは子どもたちが快適に使うためのものです。トラブルを回避するための「禁止」を増やすようなルールは避けましょう。

学年・学級でのルールづくり

休み時間も自由に
使いたいな。

勉強に関係するこ
とに使うのは？

でもゲームは駄目
じゃないかな。

でも，毎日使うの
はどうかな？

　学年や学級でのルールは，教員が一方的にルールを決めるのではなく，子どもたちと一緒に考えながら，なぜルールが必要なのか，どのようなルールが必要なのかを話し合って決めることが重要です。例えば休み時間の1人1台端末の使い方について話し合います。十分に議論させ，子どもたちの意見を尊重します。学年・学級で話し合って決めたルールは，家庭にも連絡して，保護者とも共有することが大切です。ルールの良し悪しよりも，自主的かつ主体的にルールを決めた子どもたちを評価することが大切です。

 ## 情報モラル指導はタイミングが大事！

　インターネットに関わる情報モラルの指導も発達段階に応じてすることが求められています。各学校で情報モラルを含めた「情報教育カリキュラム」を作成することが大切です。カリキュラムに沿って一方的に情報モラルを教えるのではなく，「Google Classroom に不要な書き込みが多くなった」「ネット画像を使っている」など課題が見えたときのタイミングを逃さず授業をするのが最も効果的です。担任の先生はいつでもアンテナを張ることが重要です。

これで簡単！　ワンポイントアドバイス！

　ルール，モラルだけにとらわれず，1人1台端末活用のマナーを身につけることも大切です。また学年がねらうリテラシー（活用力）を教員がしっかりと共有していることも必要です。

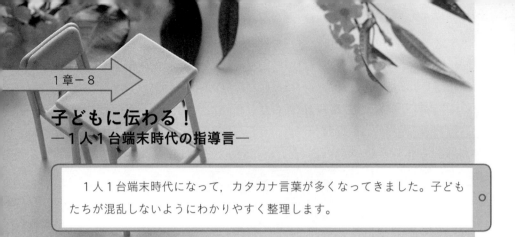

子どもに伝わる！
―1人1台端末時代の指導言―

> 1人1台端末時代になって，カタカナ言葉が多くなってきました。子どもたちが混乱しないようにわかりやすく整理します。

ICT 指導言…初級編

ICT活用の指導を行う場合はカタカナ言葉が多くなったり，PC特有の指示や説明があったりします。まずは初級編をまとめてみました。

・端末は両手で大切にもって移動しましょう。

・机の真ん中に置きましょう。

・端末はコンピュータです。端末の中にはたくさんの机が入っています。

・端末を開いたら，ログインをします。ログインとは使う人の机を準備することです。

・自分の机を使うには登録した「アカウント」と呼ばれる，あなたの机だという証明になる権利が必要です。

・「アカウント」は「ID」と「パスワード」で登録されます。

・「パスワード」は自分だけの秘密です。誰にも教えてはいけません。

・端末の中の机の上には仕事をする道具（ソフト）が並んでいます。

・端末の画面上のアイコンはその道具を使うための入り口です。

・ソフトウェアのマークをダブルクリック（マウスで操作）かタップ（タッチパネル）するとプログラムが実行されます。

・つくったデータは「クラウド」と呼ばれるインターネット上にある本棚に保存されます。

・作業が終わったらそのまま蓋を閉じれば端末もお休みします。

ICT 指導言…中級編

端末を起動させたら実際にキーボードを使ったり，マウスを使ったりすることが多くなります。ローマ字入力とひらがな入力（かな入力）があります。音声入力も可能です。

一番下にある長いキーが「スペースキー」です。

右側にある四角ではない形をしたキーが「エンターキー」です。

ひらがなを入力してスペースキーを押すと漢字に変換できます。

文字を消すときはバックスペースキーです。

マウスをクリックしながら動かして別の場所に移動することをドラッグ・アンド・ドロップと言います。

右クリック（2本指クリック）でコピーして別の場所で右クリックをすると，貼り付けることができます。

 ## ICT 指導言…上級編

子どもたちの上達速度は大人よりも圧倒的に速いのですが，用語はあまり知りません。操作だけでなく正しい言葉も指導しましょう。

・アプリで作成したものを「ファイル」と言います。

・ファイルを入れておくケースを「フォルダ」と言います。

・自分で作成したファイルは「名前をつけて保存」します。

・保存場所は端末の中とクラウド上があります。

・ファイルの種類は後ろの「.docx」などの拡張子で区別します。

これで簡単！　ワンポイントアドバイス！

PC 用語は身近なものに例え，イメージしながら覚えるように指導します。また 1 MB（メガバイト）×1000→ 1 GB（ギガバイト）×1000→ 1 TB（テラバイト）というデータの大きさの概念も伝える必要があります。

Column1

今さら聞けない…GIGA スクール構想って何？

　1人1台端末を子どもたちに配付しようという話は令和元年の6月にはすでに方針として示され，12月には補正予算2,318億円が措置され令和5年度までに段階的に1人1台端末を配備する方針でした。しかし，ご存知のように新型コロナウイルスの流行による臨時休校などの措置を受けて，令和2年6月には小中全ての子どもたちに1人1台端末を配備するように方針が変わりました。その結果，令和3年3月にはほぼ全ての自治体で小中学生1人1台の教育用端末が整備されたのです。時期的にコロナ禍の時期と重なっているのでコロナ対策によるオンライン授業のための政策だと思っている先生もいるかもしれません。しかし，GIGA スクールは令和元年から計画されていました。ねらいは「多様な子供たちを誰一人取り残すことなく，子供たち一人一人に公正に個別最適化され，資質・能力を一層確実に育成できる教育ICT 環境の実現」です。GIGA とは Global and Innovation Gateway for All の略で，直訳すると「すべての子どもたちのための世界につながる革新的な扉」という意味になります。端末全てが高速ネットワークにつながって，地域によって，家庭によって，子どもたちの特性によって差別されない，その子に合った学びをサポートするための端末となります。また，ICT の利活用が，世界的に遅れている（OECD 加盟国で最下位）という状況を改善することも背景にあります。GIGA スクール構想は子どもたちの「情報活用能力」を育てることに重点が置かれがちですが，目指すべき次世代の学校現場は次のように示されています（著者により一部省略）。

　　・時間・距離等の制約を取り払う授業の実現〜遠隔，オンライン授業〜
　　・個別最適で効果的な学びや支援〜子供を客観的継続的に把握・共有〜
　　・プロジェクト型学習を通じて創造性を育む〜PBL による STEAM 教育〜
　　・校務の効率化 〜学校における事務を迅速かつ便利，効率的に〜
　　・学びの知見の共有や生成 〜経験知と科学的視点のベストミックス〜
　ICT の活用でこのような教育の DX 化を目指していることがわかります。

できることから
やってみよう！
学年別 ICT 授業

2 章

1年生はファイル保存・呼び出しまで できるようになろう！

学校生活のルール，学習のルールを学ぶことと一緒に1人1台端末を扱う ルールを指導します。

 ## コンピュータの存在を教える

コンピュータとは何でしょうか。大人でも意外と説明できないかもしれません。しかし，身の回りはコンピュータだらけです。コンピュータの仕組みがわからなければ，わからないものに囲まれていることになってしまいます。1年生のうちにコンピュータの存在を理解することが大切です。

T：みなさん，コンピュータって知っていますか？

C：ゲームとかパソコンの中に入っているよ。

T：そうです。コンピュータは人間の命令（プログラム）を守って，人間 よりも速くて，正確で，大量の情報を扱うことができます。だから，コ ンピュータが入っているものはたくさんのお仕事ができるのです。

 ## コンピュータを操作する

コンピュータを操作するためにはマウスや キーボードの操作が欠かせません。まずは， マウス操作の「クリック」「ダブルクリック」 「ドラッグ＆ドロップ」の練習をします。学 習用アプリケーションにはキーボードやマウ ス練習ができるアプリがインストールされて いるのでそれらを活用してみるのもよいでしょう。

画像編集・ペイント系アプリを操作する

　マウス操作とは別にタッチパネルを用い指や専用ペンで画面に絵を描くことが可能です。タッチパネルでは「タップ（指で叩いて離す）」を教えます。タップはマウスの「クリック」と同じであることにも触れます。描画ソフトを立ち上げたら，指やペンで画面をなぞってみます。描画ソフトでは色を変えたり，筆先の太さを変えたりすることが可能です。筆圧で太さをコントロールできるものもあります。直線や図形を描くこともできるので，実際に描くよりも多様な表現が可能です。お絵かきが大好きな1年生は色を変えたり，自由に消したり増やしたりできることを楽しみます。この操作に慣れたあとは子ども用のプログラミングサイトである，Viscuit を活用して，絵を動かすことにも挑戦するといいです。

 ## ファイル保存・呼び出しは意味をしっかりと伝える

　絵を描いたらそれは自分の作品です。その作品を保存するためには「名前を付ける」ことが大切であることを指導します。どのソフトもデフォルトの保存場所はマイフォルダになっているので，名前を入力して保存するようにします。このとき，名前は「音声入力」がおすすめです。マイクのボタンを押して言葉にすると，すぐに文字が入力されます。

これで簡単！　ワンポイントアドバイス！　

　「名前を付けて保存」で大切な自分の作品という概念を形成できます。この考えが「著作権」という考えにつながります。また，最近の端末はクラウドに保存されることが多いので，場所をイメージすることが大切です。

2年生は図表を使って
情報を整理しよう！

　身近なところから様々な情報を収集したり，集めた情報を整理したり，組み合わせたりして表現します。

 ## 1人1台端末を使って情報を収集する

　「情報を収集する」学習にはどんな場面があるでしょうか。図書館の本で調べたり，人に話を聞いたり，対象物を観察したりすることが考えられます。しかし，低学年の子どもたちがメモをとったり，スケッチをしたりするのは時間がかかり，個人差も大きいのが現実です。そこで1人1台端末の活用です。インターネット検索で情報を集めることが可能です。最近は様々なものの解説動画があるので動画を視聴して調べる子も多いです。キーボード入力がまだ難しい低学年は「音声入力」がおすすめです。校外学習の取材先でのインタビュー時は動画を撮影したり，植物の観察などに写真を撮影したりと，効率的に情報を収集することができます。

〈音声入力〉

〈アサガオの撮影〉

 ## 集めた情報を整理する

　1人1台端末で集めた情報はマイドライブにデータとしてたくさんたまり

ます。画像や動画などのデータを整理することが大切です。授業支援アプリ「ロイロノート・スクール」などはデスクトップ上に画像や動画，Web ページをカード化して保存できるので便利です。直感的なので低学年でも使えます。

 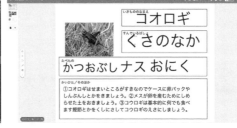

〈ロイロノート・スクール〉　　　　　　　〈スクールタクト〉

　収集した写真などの情報を使って，１人１台端末でまとめます。まとめる際には「スクールタクト」などの授業支援アプリがおすすめです。アプリで，あらかじめテキストを入力する日記のようなフォーマット（書式）をつくり，子どもたちに配付すると，まとめやすくなります。撮影した画像や調べた情報を組み合わせることで，自分なりの表現をつくることが大切です。文章で整理するときは，「名前」「場所」「食べ物」など，項目に沿って情報を入力できるように作業を単純化します。あらかじめ調査対象が変わってもまとめることができるように汎用的な書式にすると効率的です。

　また，このように項目ごとに情報を細分化することで，カードを比較したり，どのような項目を増やしていけばよりよい観察記録になるかを考えたりすることは，「プログラミング的思考」を意識することにもなります。

これで簡単！　ワンポイントアドバイス！

　撮影では細かい部分を観察したいときはアップで，景色などの大きなものを撮影するときはルーズで撮ります。アップとルーズの違いを練習して用途を考えさせることも必要です。

3年生はキーボード入力にチャレンジ！

3年生のなるべく早い段階からローマ字を学ぶことをおすすめします。タイピングは必要不可欠なスキルです。

 ## タイピング，ローマ字入力か，かな入力か？

結論から言うと「ローマ字入力」です。文科省も推奨していますし，日本人が行うタイピング方式の93％が「ローマ字入力」と言われています。タイピングをそれほど必要としない低学年時は「音声入力」や「手書き入力」が主で，必要に応じて「かな入力」を行いますが，3年生で「ローマ字」を国語で学習するときに，同時に「ローマ字入力」をスキルとして身につけるようにするとよいでしょう。練習の際にはローマ字表などを教室に掲示したり，手元に準備したりし，いつでも確認できるようにします。また専用タイピングサイトなどを活用すると，楽しく学ぶことができます。

小学生の目標としては10分間に200文字が目標です（文科省）。

〈プレイグラム　タイピング〉
https://typing.playgram.jp/

〈キーボー島アドベンチャー〉
https://kb-kentei.net/

集めた情報を，比較したり，分類したりする

　ローマ字入力でのタイピングがある程度できるようになったら，学習の中で生かすようにしましょう。集めた情報を比較したり，分類したりするためにあらかじめ先生側からワークシートを１人１台端末に配付します。まだ文字入力が苦手なので，単語や短文でまとめるようにします。

〈スクールタクトで作成〉

 ショートカットキーも使えると便利

　例えば「コピー＆ペースト」は Ctrl ＋ C でコピー，Ctrl ＋ V でペーストです（Mac は Ctrl ではなく Cmd です）。スクリーンショットは Windows は Windows ＋ PrintScreen で画面保存，Mac は Cmd ＋ Shift ＋ 3 で画面保存，Chromebook はウィンドウを表示キー＋ Ctrl で画面保存です。この他にもたくさんのショートカットキーがあるので覚えておくと便利です。検索すると多くのサイトで紹介されているので子どもたちに見つけさせてもよいですね。

これで簡単！　ワンポイントアドバイス！

　低学年から「かな入力」を行っている子もいます。強制的にローマ字入力をさせる必要はありませんがローマ字を学ぶことは必要なので，ローマ字入力も経験させながら入力方法を選択できるように指導します。

4年生は
プレゼンテーションの実践！

　学習活動のまとめの発表として ICT を活用したプレゼンテーション活動を
おすすめします。表現力を鍛えます。

 ## わかりやすく伝えるための ICT 活用

　子どもたちの発表と言えば，ポスターセッションや実物投影機での発表が
定番でしたが，1人1台端末がある今は，それぞれの子どもがプレゼンテー
ションをスライド作成からできるようになりました。紙芝居の要領で自分の
考えに合わせてスライドをめくっていきます。スライドにはテキスト，手書
きメモ，描画，画像，動画など多くの資料を挿入することができます。しか
し，これらをただ闇雲に入れてしまうと，かえって相手に伝わりづらくなり
ます。プレゼンテーションは相手意識が大切です。相手に自分の調べたこと
や考えを理解してもらうためには，どのような根拠や表現が必要かを考える
ことが大切です。はじめのうちは，シンプルなストーリーを計画してスライ
ドを作成し，発表することをおすすめします。

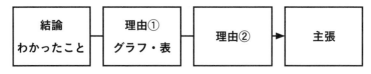

〈シンプルなプレゼン〉

　まず結論を述べます。そしてその理由を，資料を根拠として述べます。最
後に自分の考えを交えて結論を主張します。

 ## 情報を組み合わせて，考えと理由を明確にする

　慣れていくとすぐに子どもたちは多くの情報を扱えるようになります。こ

れらの情報を組み合わせて自分自身の考えの根拠にするように，理由となる事実・根拠と考えを明確に分けることが大切です。またインターネットからの情報は手軽で簡単に収集することが可能ですが，どんなサイトから集めてきたのかという「出典」を意識させるようにしましょう。中には信憑性が薄いサイトもあります。サイトの中にある事実と，運営者の考えを見極めて資料として使うスキルも指導することが大切です。

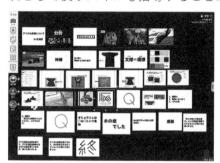 

〈ロイロノート・スクールで作成〉

 ## 出典・著作権・肖像権

　どこからの情報かという「出典」に関して明示するように指導します。またページや資料の作成時期にも注意しましょう。あまりにも古いデータは根拠になりません。また，ネット回線で他校に発信したり，学校ホームページで不特定多数に発信したりするときは，著作権に注意しなければいけません。ネット上の画像や図表は全て著作権で守られています。使えるものかどうかを確認する必要があります。肖像権も同様です。

これで簡単！　ワンポイントアドバイス！

　　自分が撮影した写真でも，写っている人物には肖像権があります。勝手には利用できません。また芸能人などの画像も勝手に使用することができません。他人の文章には著作権があります。

5年生は
プログラミングに挑戦！

意図した処理を行うための最適なプログラムの作成，評価，改善を行うことが高学年では求められています。

 プログラミングはなぜ行うのか？

すでに生活の中にコンピュータはなくてはならないものです。モノはインターネットにつながり，AIが管理する時代になりました。しかし，このコンピュータの仕組みを説明できるでしょうか。コンピュータには意識はありません。全てプログラムという命令で動きます。つまりプログラミング教育を通してコンピュータの働きの仕組みを学ぶということです。

5年生算数では，正多角形を描くプログラムを作成します。

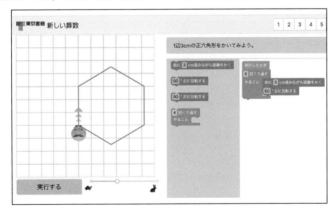

各教科書会社でビジュアルプログラミングサイトが準備されています。手書きでは限界がある正多角形の作図を行うことにデジタルの意味があります。

このプログラムでは，正多角形の特徴を生かし，辺の長さ，角度を決めて順次描き，同じ作業には反復の命令を出します。

学習のまとめとしてプログラミングを行う

　学習のまとめの定番と言えば，ポスターや新聞作成ですが，プログラミングを行い「デジタルコンテンツ」を作成することにも挑戦しましょう。プログラミングでデジタルコンテンツを作成するには，どの学校でも使える「Scratch」がおすすめです。

　このプログラムは学習のまとめを背景として作成し，プログラムが埋め込まれたボタンを置き，クリックすることで背景を変える仕組みです。上の画像では「次へ」のプログラムが記され，背景画像によって次の背景を選択する分岐の命令を使っています。このように画像にポインタを置くと解説が表示されたり，音が流れたりするなど，多様な表現が可能です。教科学習の中にプログラミングを取り入れていく工夫が必要です。

これで簡単！　ワンポイントアドバイス！

> 　プログラムの基本は，順次，反復，分岐です。この命令の組み合わせで自分が意図するプログラムを実行し，うまくいかなければやり直す試行錯誤が重要です。この思考がプログラミング的思考です。

6年生は目的に応じたアプリの選択を！

学習のまとめとして動画作成を行うことは効果的なプレゼンテーションです。情報の影響を考えながら発信することが大切です。

 現代の子どもたちは，「動画編集」はお手の物？

実は私たち大人よりも，子どもたちは動画編集が得意です。毎日のようにスマホで動画をながめ，アプリでも簡単に編集ができます。一方，先生はそのような経験がほぼないため，動画を編集することを授業に組み込むことはこれまでありませんでした。しかし，1人1台端末の時代になり，子どもたちが容易に動画を撮影できる今，学習のまとめとしての「動画作成」は積極的に行ってほしいと思います。しかし，動画編集は難しく感じる先生も多いかもしれませんので，少し説明します。

動画はほとんどの場合，1人1台端末で撮影することが可能です。被写体を追いかけようとすると画面が揺れ，画像酔いをするので，両手でもって，できるかぎり動かさないように撮影をします。動画ファイルは紙テープのようなイメージで前後を切ったり，途中を切ってつないだり，前後を入れ替えたりすることが可能です。また，文字を入れたり，音楽を入れたりすることも可能です。さらには再生スピードを変えることもできます。作成した動画のファイルは様々なものがありますが，現在最も汎用的なのが「MP4」という形式で拡張子は「.mp4」になります。他にも「MOV」や「WMV」「AVI」「MPEG2」などがありますが，それぞれ変換が可能です。

 専用のソフトウェアだけではなく専用サイトもある

動画編集は専用ソフトを使うのが一般的です。iPad など Apple 製品の場合

は「iMovie」が利用できます。下図がその画面です。タイムラインが横に流れていて，適当な場所に音楽や字幕を挿入できます。

　動画ファイルはもともと映像と音声で構成されていますが，さらに音楽を挿入することもできます。また別の映像をワイプで挿入することも可能です。これらは「iMovie」だけの機能ではなく，別のソフトも同じです。またソフトがなくても「Canva」（https://www.canva.com/）のような編集サイトも活用できます。

これで簡単！　ワンポイントアドバイス！

　動画は表現力が強いため，誰に向けての内容か，どこで公開するかを考えて，肖像権，著作権などのルールや表現内容の情報モラルに気をつけて公開することが必要です。

特別支援学級こそ
社会で自立するための必須スキル！

ICT を活用することで理解しやすくなる，ICT を活用することで表現しやすくなる……，自立するために ICT 活用は不可欠です。

 ## ICT 活用で学習または生活上の困難さを改善・克服

特別支援学級に所属する子どもたちは「視覚」と「聴覚」のバランスが一方に偏り，生きづらさを感じることがあります。教室のような一斉指導の場では，先生の一方的な指示や説明は「視覚優位」の子どもたちには理解が困難な場合があります。このような場合は，1人1台端末にあらかじめ説明動画を入れておき，何度も確認できるようにすると理解度が高まります。また「聴覚優位」の子どもは，口頭指示の理解が得意ですが，他の音に気を取られてしまうことがあります。そこでヘッドフォンを使って音に集中させることも効果的です。これは通常学級でも同じことが言えます。

 ## ICT 活用で情報活用能力の育成

特別支援学級の子どもたちには，発達障害等の理由で，学びにくさやコミュニケーションの困難さが大きな課題となります。これは社会に出てからも続きます。しかし，現代では ICT を活用することでコミュニケーション能力

を高めたり，自分自身で学びを深めたりすることも可能になってきました。例えば，意思疎通が難しい子，言語障害がある子は1人1台端末を使ってホワイトボードアプリで意思表示をしたり，専用アプリで文字を音声表現したりすることが可能です。また，授業中の板書や観察・実験の様子なども画像や動画に保存することで，あとで何度も視聴し，学びを深めることに役立ちます。

〈コミュニケーションツール　指伝話メモリ〉

〈iPadで実験の様子を撮影〉

　これは普通学級でも同様です。話すことが苦手な子，書くのが苦手な子，聞くのが苦手な子……，様々な特性をもった子どもたちがいます。その子どもたちに「一斉授業」という「同調圧力」で「大きな声で話しましょう」「ノートにしっかり書きましょう」「見たことをそのまま描きましょう」と言っても，苦手なものは苦手です。それよりICTを活用してその障害を取り除くほうが本人のためでもあり，別の力を身につける機会を広げることになります。特別支援学級の子どもたちの指導は社会に出たときのことをイメージして指導しましょう。

これで簡単！　ワンポイントアドバイス！

　発達に障害があり生きづらさがある子どもたちにとって情報活用能力の育成は大変重要です。話す，聞く，見る，調べるなどをサポートするツールとして，1人1台端末は欠かせないものになるはずです。

授業で使うタイミングと時間配分って？

> ノートと鉛筆と同じようにと言っても，1人1台端末に夢中になってしま
> う子もいます。そんなとき，どうすればいいのでしょう？

1人1台端末活用の潜在的カリキュラムの構築

　1人1台端末が配付されて子どもたちが活用しはじめると，どのタイミングで使わせるかが先生たちの悩みのタネです。ノートや鉛筆と同じ様に学習用具として使う，とは言うものの，ノートと鉛筆とは用途が違うので，先生の話も聞かずに端末に夢中になるようなことにもなってしまいます。したがって，やはり授業の際には「話を聞くときは手を止める」「先生の説明が終わってから調べはじめる」「使わないときは机の中にしまう」「使うときは机の中央に置く」など，「当たり前の学習マナー」を身につけさせることが必要です。これは日本型教育がこれまで指導してきた学習規律でもあります。

　私の学校では，以下のように「新しい学習様式」を作成しました。

・朝…保管庫から自分の端末を取り出し，クラスルームを確認する

・授業中…机の中に保管，必要なときにすぐに使えるようにする

・休み時間…自由に活用してよいが，学習に関係のないことでは使わない

・外での活用…天候や環境を配慮して活用

・家庭…許可を得て，持ち帰ることはいつでも可能

　このように一定の運用例は学校内で統一しています。そうすることで，1人1台端末の活用が当たり前になり，無意識にマナーを守り端末を活用する「潜在的カリキュラム」が構築されていきます。

ICT 活用の時間配分

　1人1台端末が配備され，教室には大型モニターもあり，従来までの黒板もあります。もちろん，手元には教科書やノートもあります。机上の面積が足りないことがよく話題になりますが，子どもたちにとっては目移りするものが多く，情報過多になりがちです。したがって，授業の際に先生はそのことも意識することが必要です。

〈大型モニターの提示〉

　教室に50インチや65インチの大型モニターがあることが当たり前になってきました。導入で資料を提示し，問いを生ませたりするのはもちろん，授業支援アプリなどを使って一覧表示させたり，子どもの画面を表示しプレゼンテーションさせたりすることも多いと思います。本校もそのような授業が増えてきましたが，必要としないときも画面が点きっぱなしだったり，ときにはスクリーンセーバーが流れたりしていることもあります。子どもに説明をするとき，手元で操作させるときなど必要ないときは，モニターはオフにすることで気が散ることを防ぎます。

〈1人1台端末の活用〉

　1人1台端末を使うときは，個別学習の場合が多いです。しかし，1時間ずっと個別に学習というのは教室で学ぶ意味がありません。45分授業の中で，最低2回は進捗状況を確認したり，その時間の学習で気がついたことなどを交流したりする全体交流の場をもつことが大切です。その際は端末を閉じるなどし，メリハリのある授業が求められます。

これで簡単！　ワンポイントアドバイス！

> 　持ち帰りも行うため，各家庭からはルールが求められます。基本的に，家庭においては家庭のルールが主ですが，学校での情報活用能力指導のガイドライン（カリキュラム）は伝えるようにしましょう。

Column2

１年生には１人１台端末は早い⁉

　１年生には，まずは小学校の基本を教えることが大切で，１人１台端末なんてまだ早い！　という声が聞こえてくることがあります。「１人１台端末よりも，しっかりと平仮名や漢字の練習をしたり，ノートの使い方を学ぶほうが大事！」「アルファベットもわからないのにパスワードはどうやって打つの？」との声も。たしかにおっしゃるとおりです。１年生には，学ぶべきことがたくさんあります。しかし，何も毎日，毎時間１人１台端末を使いなさいと言っているわけではないのです。１年生も，コンピュータの起動や終了，写真撮影などができるようになることは，情報活用能力の体系表（文科省）にも記されているのです。アンチ ICT 派はどうしても「使う」「使わない」，「アナログ」「デジタル」の二者択一論議をしたがります。そうやって，「やらない理由」をつくりあげていくのです。とはいえ１年生は，余裕時数が多めにあるので１人１台端末を活用する時間もたっぷりあるのが現実です。ただ，たしかに１年生への指導は大変ではあります。「先生〜」「できない」「わからない〜」「変になった〜」と声を出すのが１年生です。１人の担任では，すぐにキャパオーバーしてしまいます。ですから，GIGA スクール構想は「組織の対応」が必須なのです。

　私が教頭を務めていた小学校では，５月の連休明けに１年生の１人１台端末活用をスタートします。時間割を調整し，その時間は担任の他に担任外，管理職，養護教諭などが補助で入り，チームでトラブルに対応するようにしています。７人いれば，１人５人ずつ捌けば，問題ありません。アルファベットがわからない１年生でも，同じマークを探そうと楽しみながら学んでいきます。実はこのようなサポートは最初の１時間です。それ以降は，子どもたちはすぐに要領を覚えて，どんどん操作できるようになります。さすがはデジタルネイティブの子どもたちです。

　１年生の吸収力はすさまじいものがあります。ある意味，差がないこの時期に指導することは情報活用能力の底上げになるのです。

1 からわかる
ICT 授業！
一斉学習編

3 章

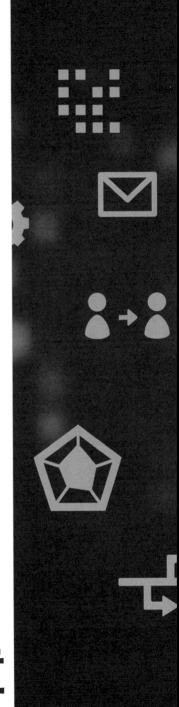

端末を活用するコツは
毎日の授業ルーティーン

いずれは自由に使わせたいものですが，慣れるまでは，授業時の活用パターンをつくるのがおすすめです。

朝の活動

授業時間ではありませんが，毎朝席についたら端末を開くという習慣は取り入れやすいです。朝の会は，出席確認をしたり，連絡事項を伝えたり，係からの連絡があったり，提出物を確認したりと実は盛りだくさんですよね。そこで，連絡事項や係活動の連絡は「Google Classroom」のストリームに入力するようにします。効率的に時間が使え，しかもこの方法のほうが伝わるという意見が多いです。大勢の前では発言が苦手な子も，Google Classroomでは発言ができたり，先生個人にメッセージを送ったりできるので，実は子どもたち一人ひとりを，これまで以上に支援することができます。

課題を配付

授業の際に学習問題となる資料，画像，教材文は，これまでは黒板に書いたり，印刷して配付したり，大型テレビで表示したりしていたと思いますが，

せっかく1人1台端末があるので授業支援ソフト（先生端末が親機となり，各端末を統括する管理ソフト）を活用してみましょう。核となる教材を子どもたちの端末に配付します。端末に配付された教材は，大きくしたり，書き込んだり，分割したり，複製したりと

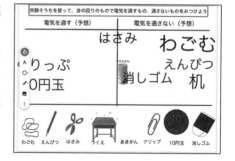

思い思いに加工することができます。そうすることで，教材とじっくりと向き合い，問いを生み出すことにつながっていきます。

 ## 学習の振り返り

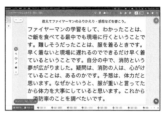

授業後のラスト5分に「振り返りを書きましょう」というのは，どんな先生も取り組んでいることです。その振り返りをもとに次時の学習につなげたり，子どもたちの主体性を評価したりしているのではないでしょうか。しかし，蓄積という点から見ると，ノートへの記入は機能的とは言えません。そこで，1人1台端末を使うのはいかがでしょうか？　例えば社会科の時間は最後に必ず1人1台端末を使って振り返りを入力する，というようにルールをつくり取り組みます。端末への蓄積は，数値化してグラフ化したり，テキストマイニングをして語彙の変化をみたりと多様な評価をして子どもたちの力を分析できます。

 ## いっそノートを1人1台端末に

資料の配布や振り返りを1人1台端末でするようになると，実は紙のノートの役割がほとんど1人1台端末でできることに気がつきます。これを機に何かの教科をノートから1人1台端末に変えるというのもおすすめです。

ただし，記録を整理してしっかりと保存できるスキルの指導も必要になります。

これで簡単！　ワンポイントアドバイス！

蓄積した振り返り文章のデータは「テキストマイニングサイト」で分析することが可能です。単語の出現頻度や相関関係を視覚化でき，子どもたちの考えの広がりや深まりに気づくことができます。

効果的に扱う1人1台端末！
学びを深化させる活用方法

> 一斉授業はこれまでの授業の中心であり，伝統でもあります。この授業形態にICTをかけ合わせると，どんなことができるでしょうか。

 ## これまでの一斉授業

一斉授業と言えば，黒板を中心に，多くて40人の子どもたちに一斉に教えることが中心となる授業形態です。一人ひとりの子どもたちに届くように大きな字で板書し，色画用紙で短冊をつくり，教材画像を拡大印刷して，わかりやすい授業を提供してきました。そこにICT機器が発達し，教室のテレビを地デジ化，大画面化，ノートPCの手軽な画面転送によって教室のテレビを「電子黒板」化することで，子どもたちの興味・関心・意欲を高める授業を行ってきたと思います。しかし，これらはあくまでも「提示」であって，子どもたちの興味・関心・意欲が高まっても，全ての子どもたちがそうであったかというと疑問が残ります。

 ## GIGA時代の一斉授業

GIGAスクール構想により，「1人1台端末」「高速通信環境」が可能となった現在は，先生側の端末と子ども側の端末が「授業支援ソフト」でつながり，全ての子どもの画面の進捗状況を確認することができます。子どもたち一人ひとりの反応を把握し，双方向型の一斉授業が可能になったということです。では，具体的にはどのようなことができるのでしょうか。

 ## 一覧表示とはどういうことか？

授業支援ソフトの代表的な機能です。授業支援ソフトはWi-Fiネットワー

クを利用し，先生と子どもが同一のネットワークグループをつくり，その中で情報をやりとりします。一般的には先生側が「親機」となり，「授業」を設定して，子どもを「参加」させます。そうすると，子どもたちの画面が先生機に転送され，先生側の画面に一覧で子どもたちの画面が並ぶので，先生の画面を大型モニターで表示すると一斉授業でありながら，全員の画面を教室で共有することができます。

　ただ，一覧表示と言っても30人を表示すると個々が小さくなるので表示サイズを調整してスクロールさせるのが一般的です。一人ひとりの端末に先生が書き込んだり，メモを送ったりすることができます。また特定の子の画面を全員に提示して，考えを発表させることも可能です。

これで簡単！　ワンポイントアドバイス！

　子どもたちの画面はリアルタイムで確認できます。進捗を確認しながら授業を進めることが可能です。また子どもたち同士も，コメント等でやりとりし，情報を共有しながら学習することが可能です。

電子黒板の活用で一人ひとりの反応を把握しよう

電子黒板はタッチパネルのように指で触って操作ができ，文字を書き込んだり，着色したりすることができます。

電子黒板ではどんなことができるの？

電子黒板は大型モニターに PC 画像などを表示し，直接触れることで操作したり，タッチペンで書き込んだりすることができる ICT 機器です。黒板やホワイトボードスクリーンにプロジェクタで映し，ユニット型の装置でインタラクティブに操作できるタイプもあります。電子黒板は授業支援ソフトで転送した子どもたちの画像に直接書き込んだり，操作したりすることで，子どもと対面しながら，対話しながら直感的な授業をすることが可能です。

黒板で教えてきた先生たちにとって，この直感的な操作は非常に重要で，授業展開をテンポよく進めることに優れています。

デジタル教科書の活用

指導者用デジタル教科書も電子黒板で提示したほうが効果的です。というのも，デジタル教科書自体が直感的操作を基本とした構成になっています。

ページ送り，画像やグラフ，地図といった掲載資料の拡大，テキストの拡大，動画コンテンツの再生，ペンツールでの書き込み，音声読み上げ，一部分を拡大するといったことがシームレスにできるようになります。電子黒板ではなく通常の大きなモニターにデジタル教科書を表示する場合はPCを操作することになるので，そのたびに子どもから視線が離れてしまい，授業のテンポが悪くなります。この場合は「ユニット型」の電子黒板を活用することで通常のモニターも電子黒板化が可能になります。

〈ユニット型電子黒板〉

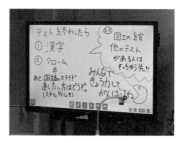

〈ホワイトボード機能〉

 ## ホワイトボード機能

　電子黒板には，画面に自由に書き込む機能があり，さらに「ホワイトボード機能」というものがあります。画面全体がホワイトボードのように白くなるので自由に書き込むことが可能になります。アナログホワイトボードは書き込みがいっぱいになると消すことになりますが，デジタルホワイトボードは，書き込んだ画像が何枚もページとして保存されるので，何度も戻り，確認することが可能です。

これで簡単！　ワンポイントアドバイス！

> 　電子黒板を活用する際には65インチ以上のものをおすすめします。黒板並みに大きく表示したい場合は，プロジェクタで投影するタイプのものを活用することをおすすめします。

授業支援アプリで
資料・ワークシートを簡単に配ろう

> 授業支援アプリは1人1台端末を管理して，課題配付などの端末同士の送
> 受信や，協働で編集が行えるアプリです。

 ## 先生側で課題を作成する

　授業支援ソフトではあらかじめクラス設定をしておきます。その上で，先
生側で課題を設定することで，クラスの子どもに資料を配付することが可能
になります。まずは先生側で資料を作成します。自分で絵や図形を描いたり
することも可能ですが，教科書の問題などを撮影して簡単にワークシートを
作成することができます。

〈ジャストシステム社　スマイルネクスト〉

　子どもたちは配付されたワークシートが届くと自分の考えを記入します。
その進捗状況は先生側の端末で，一覧表示で確認することが可能です。さら
にそれぞれのシートを編集したりコメントを付けたりすることができます。
子ども同士の閲覧は先生側でON／OFFを設定することができるので，いつ
でも共有可能ということではありません。

豊富なテンプレートが用意されている

　授業支援ソフトでは配布資料として「テンプレート」を準備しているもの
が多いです。スマイルネクスト（ジャストシステム社）も次のようなテンプ
レートを用意しています。

　・思考ツール…思考を視覚化するために図形化されたワークシートです。

　・罫線・マス・方眼…様々な罫線のパターンです。

　・ワークシート…教科ごとに汎用的なワークシートがあります。

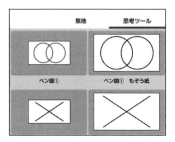 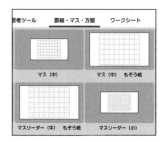

　資料やワークシートの配付は，これまでも行ってきた授業の一場面です。
先生が作成したものや書籍のコピーなどを利用して子どもたちに配付してき
たことと思います。紙のワークシートとの一番の違いは，自分の考えを何度
も繰り返し確認・編集ができること，ページ数を増やして考えを増やすこと
ができること，そして個々のワークシートを確実に蓄積できることです。ア
ナログなワークシートを否定するわけではありません。書くことは大変重要
な学習行為です。しかし，正しく文字や文章を書く行為と，考えを広げる活
動は評価が別です。この点を考慮して学習活動を選択しましょう。

これで簡単！　ワンポイントアドバイス！

> 　ワークシートに考えを書き込んでいく際の進捗状況は先生側のタブレ
> ットで全員分確認できます。リアルタイムで評価し，子どもたちの学び
> を修正していくことで，求める力を育てていくことが可能です。

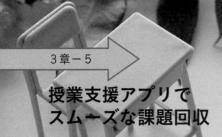

授業支援アプリで
スムーズな課題回収

> 授業支援アプリの個人画面は，子どもたちの主体的な学びをサポートする
> 思考基地的な架空の学習ノートです。

 ## 課題を回収するとはどういうことか？

「はい，後ろから集めてきて」というのは，教室の「指導言」の一つでしょう。先生なら誰もが口にするセリフです。ワークシートやテストを回収して，授業後に先生が評価するのは当たり前の光景ですが，１人１台端末の時代は当然，もっと効率的で効果的です。授業支援ソフト「ロイロノート・スクール」では，配付した課題を回収する，自分の考えをカード化したものを回収する，プレゼンテーションを回収することが可能です。

回収したデータは一覧表示もでき，クラスメイトで共有することも可能です。また，指定したカードの比較も可能です。

「提出」にドラッグ＆ドロップするだけです。

 ## テストやアンケート，ルーブリックの回収も簡単！

ロイロノート・スクールでは設問を設定して子どもたちに配付することが可能です。設問によってはテスト，アンケート，ルーブリック評価を行うこ

とができます。単一選択，複数選択，自由記述と回答方法を選択することができます。子どもたちが回答したあとは自動で回収され，選択肢はグラフ化され，自由記述は一覧でまとめられます。

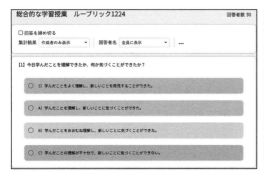
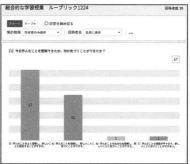

・テスト…知識を問うペーパーテストと同じように，テストを作成し配付することが可能です。画像も挿入できるので写真や図，グラフなどを活用したテスト問題も作成できます。配付，回収，採点まで可能なので業務の効率が格段に上がり，紛失も採点ミスもありません。

・アンケート…クラス，学年，校内の子どもに向けてアンケートをとることができます。全体の傾向や変化，成長を把握することが可能です。

・ルーブリック自己評価…あらかじめ設定した「自己評価観点」をもとに「S・A・B・C」で評価したり，その理由を「振り返り」として自由記述で入力したりします。蓄積することで「自己調整力」の成長を図り，グラフ化などをすることで自分の成長を視覚化することができます。

これで簡単！　ワンポイントアドバイス！　

　一斉に回収し，即時評価できることがデジタル回収の利点です。また回収のし忘れも，紛失もなく，余計な手間ひまがかかりません。より確実に集中して評価をすることが可能です。

授業支援アプリで
意見交流を充実させよう

> スクールタクトは全員の画面を一覧表示して双方向で交流できる授業支援ソフトです。一斉授業の中でも意見交流が可能です。

 ## 挙手に頼りがちな一斉授業からの転換

　「わかった人，手を挙げて」というのは，授業の中では当たり前の光景です。この挙手した子どもの発言内容で授業は右に左に舵をとりながら，ゴールに向かっていきました。この挙手が多いほど授業は高評価されがちで，その中でも，大勢を変えるような考えが出ると，先生はそれを取りあげ一気に授業をまとめるモードになります。もちろん，これが悪いとは言いませんが，一部の子どもたちの意見で授業が進行してしまうことは確かです。30人学級でも5～6人が発言すれば授業は進行して，研究授業ではよい授業だったと評価されることすらあります。もちろん，常に全員の考えを聞いていては時間ばかりかかりますので，このような展開は仕方ない部分もあります。しかし，1人1台端末の登場で，授業観の転換が迫られています。それは一斉でありながらも意見交流ができるようになったためです。

　授業支援アプリ「スクールタクト」を活用すると子どもたちの画面情報は，先生の端末に全て集まります。リアルタイムで進捗がわかるので，子どもたちが考えをまとめている間に，それぞれの考え方を多面的にカテゴライズしたり，コメントを入れたりしながら，どの意見を取りあげるか，価値づけるかなど，全体交流の計画を立てることができます。

 ## 主体的な意見交流の実現！

　授業の中で友達の考えを知ることには，実は難しさがあります。挙手をし

て発表する子の意見を聞く，隣の人と意見交流する，グループで話し合う……，いずれも知ることはできますが，深まるまではいかないことが多いです。それは，「はじめて聞くこと」だからです。しかも数分の場を与えられても「対話」をすることは容易ではありません。しかし，あらかじめ他者の考えを覗くことができたらどうでしょうか。

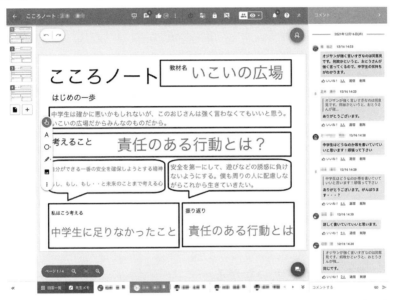

スクールタクトなどは他者のノートにコメントを挿入することができます。全員で見合えるので，早く書き終わった子は覗くことが可能です。この機能を使うことで意見交流の前の考えの整理ができて意見交流の場で対話が生まれるはずです。

これで簡単！　ワンポイントアドバイス！

> ただ話すことは「会話」で，一つのテーマを共有して話し合うことが「対話」です。相手の考えを予め知っておくことで子どもたちは互いの考えを理解しやすくなります。

Web 会議ツールで遠くの 友達と一緒に学び合える

Web 会議ツールを使うことで違う小学校の友達と交流したり，遠くの施設の方とお話できたりします。

教室が外とつながる

学校の勉強と言えば教室が基本です。理科室や体育館に行くこともありますが，外部とつながることはそうありませんでした。もちろん社会見学やゲストティーチャーを招いての学習もありますが，せいぜい地域や市内の交流です。距離的な問題，金銭的な問題があり，いつでもどこでもできるというわけではありません。しかし，ICT が発達し，Web 会議ツールが普及した今では手軽に遠隔交流が可能になりました。日本中，世界中の人たちとつながることが教室でできるのです。

様々な専門家とつながる

先生が子どもたちの疑問に全て答えることは不可能です。しかし，社会科や総合では専門家に話を聞いてみたいときが多々あります。ゲストティーチャーとしてお呼びできればいいのですが，そう簡単ではありません。そこでWeb 会議ツールの出番です。電話やメールでアポを取って，15分ほど授業時間にオンラインでつながってみてはどうでしょう。地域の農家の方にお米づくりの工夫について聞いたり，避難所での生活を経験した被災者に質問をしたりなど，訪問や取材が難しい相手にもオンラインで対応いただければ学びが深まること間違いなしです。次ページの写真（左）は埼玉県の小学校で行われたもので，「災害の際に避難所設営を計画する」という題材で子どもたちが考えた提案に対し，市の防災課の方や被災地の避難所経験者の方と

Zoom でつながり意見をもらっているところです。画面越しではありますが，本物の意見を聞くことができる貴重な機会です。

〈専門家に遠隔取材〉

〈札幌と沖縄で遠隔交流〉

 ## 他地域の教室とつながる

　意見交流の基本は教室です。これまでは学級の仲間と考えを深めることを行ってきましたが，Web 会議ツールを活用すれば，他地域の小学校の仲間と交流することも可能です。隣の学級と合同で授業を行うことはあっても，隣の学校の同学年と意見交流する場面は今まであったでしょうか。ましてや違う都道府県の仲間と話をすることはほとんどないに等しい状況ではなかったでしょうか。例えば，北海道や沖縄とつなぎ，社会科の学習で学ぶ「あたたかい土地・寒い土地」について，その地域の小学生と交流できれば，教科書以上の情報を手に入れることができるでしょう。上の写真（右）は，札幌市と沖縄県宜野座村の小学校が遠隔交流を行い，互いの土地の様子や生活の違いを交流しているところです。北海道と沖縄の冬の生活の違いや，家のつくりの違い，また学校生活の違いや方言などにも気づくことができました。互いに同じテーマで話し合ってみるのも面白そうです。

これで簡単！　ワンポイントアドバイス！

> 　遠隔交流等を行うには，やはり先生の授業デザインの工夫が大切になってきます。日頃からネットワークを広げ，SNS などを通して全国の方とつながりをもつ先生ほど知見が広いものです。

Column3

1人1台端末活用授業の学習規律

　小学校では学びの姿勢を身につけることがとても重要です。教室に入ったら，ジャンパーをかけて，席につき，ランドセルの中の教科書・ノート類を机の中に入れる，勉強時間は左側に教科書右側にノート，上側に筆箱を置く，鉛筆の持ち方，消しゴムの使い方，ノートの書き方，手の挙げ方，声のボリュームなどなど，学びの姿勢は，学校文化，「潜在的カリキュラム」として定着しています。しかし，「学習規律」や「学習スタンダード」という言葉が2010年頃から広まりはじめたことで，「過度なルールの強制」「子どもたちの主体性が失われる」「同調圧力」という批判が広まりました。この背景には，先生の多忙化，若手を育てるOJTの困難さがあり，とりあえずルールを決めて，マニュアル通りに……，という組織としての指導の効率化が見え隠れしています。このような「思考停止」に陥った「学習規律」に意味はありません。しかし，子どもたちが最大限の能力を発揮するために，「学びのルール」を継続させることは重要なことです。ただ，1人1台端末については，これまでの潜在的カリキュラムがないので，学級によってバラバラになりがちです。そこで，組織でルールをつくることが大切でしょう。

- ・朝，教室に入ったら，保管庫から端末を出して机の上で起動する
- ・端末を持ち運ぶときは両手で大切に扱う
- ・端末は机の中央に置く（グラグラしてないか確認）
- ・先生の説明があるときは蓋を閉じる
- ・端末を使用しないときは，机の中にしまう
- ・友達の端末を勝手に触らない
- ・連続1時間以上は使用せず，30分は目を休ませる
- ・チャットなどでは言葉遣いに気をつけ，互いに相手のことを考える
- ・音が出る場合はヘッドフォンを着用する
- ・持ち帰るときは先生に確認し，記録簿に名前を書く

多様なルールが考えられますが，大切なのはみんなで決めることです。

1 からわかる
ICT 授業！
個別学習編

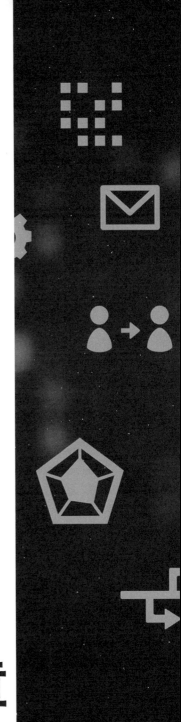

4 章

個別学習の学びを転換って？

一斉授業はこれまでの授業の中心であり，伝統でもあります。この授業形態にICTをかけ合わせるとどんなことができるでしょうか。

 ## これまでの個別学習

これまで学校で行われていた個別学習と言えば，先生が複数のプリントを配付して，子どもたちが自分のペースで取り組むことが多かったのではないでしょうか。学習プリントもせいぜい2〜3種類を子どもの人数分，印刷したり，もしくは教材で購入したワークに取り組んだり，あるいはインターネットで調べ活動をしたり……，GIGAスクール構想前の個別学習はこのようなものだったと思います。そして，この個別学習は「自習時間」のときに行われることが多く，個別に先生が対応することも難しいものでした。しかし，1人1台端末により，個別学習の方法や考え方が大きく転換しました。

 ## 子どもたちが同時に別々の内容を学習できる

子どもによって学習の理解度は様々です。実際に，高学年になるほど差は大きくなり，特に「算数」は個別に対応しなければ授業についていけない子が必ず出ます。理解のスピードは個々で違うため，低学年のうちから理解度に応じた習熟学習を行うことが本来は必要なのですが，一斉授業で進んでいくこれまでの学習では，個々に対応することは，時間的にも，準備の面でも限界がありました。しかし，1人1台端末ではAI型ドリルの活用などで，以下のように，自分自身が必要とする学習が可能になります。

・学習内容のレベルに合った問題に取り組む（基礎問題や応用問題）
・苦手な単元の復習や先の単元の予習に取り組む

・学年を超え苦手な学習に取り組んだり上の学年の問題に挑戦したりする

　このように，デジタルドリルではその子の目的に合った学習に，各自で取り組むことが可能になります。

〈ラインズ「e ライブラリアドバンス」（以下，e ライブラリアドバンス）〉

 ## 子どもたちの学習履歴が自動的に記録される

　デジタル環境における個別学習では，それぞれの子どもたちの学習のあしあとが端末に残ります。AI 型ドリルであれば，取り組んだドリルにおける成果や課題を数値化，グラフ化し，振り返ることが可能です。自分で調査活動をしたデジタルノートにも日付ごとに記録が残ります。つまりこれまで紛失してしまいがちであった過去のテストやワークの取り組みを，デジタルで残すことができ，学びの経過を意識することができます。

　ただ，このような機能を効果的に生かすためには，子どもたち自身が「自己調整」できるように，学び方の指導をしていく必要があります。それが個に応じた指導であり，低学年のうちから積み上げていくことが大切です。

これで簡単！　ワンポイントアドバイス！

　一斉授業の中では，課題が早く終わった子が読書などをしながら待っている場面がよくあります。デジタルドリルなどを活用して，主体的に学びに取り組む力を身につけさせたいものです。

4章-2

AI 型ドリルで
同時に別々の学習ができる

子どもたちの理解度に合った問題を AI 型ドリルが出題します。主体的な学習を促すドリル学習はどのように行えばよいのでしょうか?

全員が同じ問題に取り組む必要はない

　先生が配付した問題に取り組んでみる，先生が指示した問題に取り組んでみる……。こうした授業形態は，これまでの一斉授業では当たり前のことでしたが，よく考えると，理解度も能力も差がある子どもたちが一律に同じ問題に取り組むのは無理があります。「この学習は簡単!　難しい問題に挑戦しよう!」という子もいれば「今日の学習はちょっと難しかったから，もう少し練習しよう」という子もいるはずです。AI 型ドリル「e ライブラリアドバンス」では，一つの教材に対して「基本」「標準」「挑戦」のドリル問題に取り組むことが可能です。必ず「基本」から取り組む必要はないのです。まずは自分に合った問題を選択します。同じ教材・単元に縛られることもありません。算数の学習などでは，以前の単元，過去の学年の学習内容に戻らなければならない子も数多くいるはずです。取り組んだ問題の誤答について，AI 型ドリルが分析し，その子に合った学年・単元の問題を自動で選択し，

〈e ライブラリアドバンス〉
（上は問題の選択画面，下は難易度選択画面）

出題してくれます。もちろん，自分自身で「検索」ボックスに「分数」など
と入力すると小学校で学ぶ「分数」の学習単元が全て表示されます。そこか
ら自分自身がどこまで戻るべきかを選択してドリル問題に取り組むことも可
能です。

 ## 解説教材も充実

　学習の評価の観点が「知識・技能」
「思考・判断・表現」「主体的に学習に取
り組む態度」の3観点に整理されていま
す。中でも「主体的に学習に取り組む態
度」は個別学習の際には重要な観点です。
「主体的に学習に取り組む態度」では
「粘り強い取組を行おうとする側面」と
「自らの学習を調整しようとする側面」
の評価が求められています。ドリル問題
に取り組むといった個別学習では，わか
らない問題に出会ったときに周囲に教え
てくれる仲間や先生がいなければ「粘り

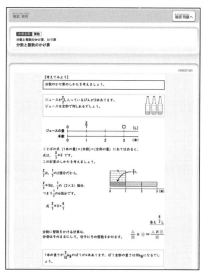

強さ」は低下しがちです。しかし，AI型ドリルでは，「ヒント」や「解説」
が問題ごとに提示されており，自分自身で解法を調べたり，復習したりする
ことで「自らの学習を調整しようとする」ことを促します。このような学び
方を身につけることで家庭学習にも応用できるはずです。

これで簡単！　ワンポイントアドバイス！

　子どもたちは正解と不正解だけで自分自身を判断しがちです。そうで
はなく，自分自身でどれだけ学習を進められ，得意な面や苦手な面を見
つけられるかが大切だということを指導することが重要です。

Google Classroom で
家庭学習や宿題に取り組もう

> 1人1台端末の活用で，漢字や計算プリントのワンパターンの宿題から脱却しましょう！

 ## 授業と家庭学習がつながる

　宿題が形骸化してはいないでしょうか？　とにかく市販の計算プリントを配る，漢字プリントを配る，採点は各自で行いましょう，漢字は自分で学習しましょう，ということも。夏休みにも大量にプリントを配って，保護者に丸付けをお願いする……。先生たちも忙しい中，保護者の要求もあるので，とりあえず何か出さなければ……，という思いで配付しています。結果，本来指導すべきである問題の解説や，宿題でどんな力をつけようとしているのかが見失われています。宿題＝家庭学習は主体的なものであり，授業とつながっていることが大切だと私は思います。誰も幸せにならない宿題より，力がつく「自主学習」を促したいと思いませんか？

 ## Google Classroom で課題を配付

　Google Classroom は学校向けに開発された無料の Web サービスです。子どもたちそれぞれがアカウントをもつことでクラスを作成し，インターネットがつながる場所であれば，どの媒体からでも先生と子ども，子どもと子どものやり取りが可能になります。子どもたちに問いをもたせるのは「授業」です。例えば，授業の最後に「では，この続きは家で考えて，自分の考えを入力してきましょう」と子どもたちに伝え，課題を配付します。課題は「Google ドキュメント」や「Google スライド」であらかじめ枠を作成し，配付します。これで授業の続きに家庭でも取り組むことが可能になります。全

く脈略なく計算プリントをやらされるより，よっぽど関心が継続し，主体的な学習になるのではないでしょうか。また，放課後に友達とつながったり，先生に質問したりすることも可能です。

〈Google Classroom〉

 ## 家庭学習にも個別に評価を

　宿題の作成，採点は担任の先生の大きな負担でした。そのわりに力がついているのか疑問でしたし，忘れ物，紛失，家庭の負担など，トラブルも多い状況がありました。しかし，Google Classroom を使った課題の提出では，担任が直接コメントを入力したり，ルーブリックを作成し点数を入力したりすることも容易にできます。Google Forms で作成したテストであれば採点も自動です。紙のプリントを毎朝回収して，数を数えて忘れた子を指導して，採点して次の日に……，忙しいときは一週間後に返却……，このような非効率的な宿題よりも，はるかに効率的で効果的な家庭学習に取り組むことができるのです。

これで簡単！　ワンポイントアドバイス！

　このような家庭学習を推進するためには，できるかぎり端末の持ち帰りを毎日行うことが必須です。万が一のトラブルもみんな同じ端末なので，相談し合うことで解決が早くなります。

1人1台端末で自動保存
学習履歴がすぐわかる！

> 1人1台端末は取り組んだ内容が自動で保存されるので，過去の学習を引き出すことが容易にできます。

学習を振り返る

　学習した足跡の確認は「主体的に学習に取り組む態度」を育成するためにとても重要です。しかし過去を振り返ることは，これまでの授業では実は難しいことでした。「前にこれやったよね」などと先生が発問し，子どもたちが思い出す……。こんな場面はよくありますが，具体的に過去を見返すときには，子どもたちのノート，学習プリントのファイル頼りだったのではないでしょうか。ただそれも，きちんとノートに日付や学習タイトルが記録されていることや学習プリントも抜けがなく，整理保存されていることで成り立つことです。子どもによっては「記録」が苦手な子もいるはずです。

　1人1台端末は基本的にどのアプリも「自動保存」なので，意識することなく学習履歴が整理されています。そのため，過去の自分の学習の様子を振り返り，現在の取り組みを調整したり，忘れていた学習を思い出したりすることを自分自身で行うことが可能です。

AI型ドリルアプリで弱点を克服

　多くのメーカーがAI型ドリルを開発していますが，どのドリルも自分が取り組んだ問題や成績を振り返ることができます。デジタルドリルソフト「ドリルパーク」では，自分が取り組んだ問題，時間，正答率，解き直した問題などが全て記録され，当時の解答も確認できます。「前と同じ間違いをしているな」「点数が上がっているな」などと自分の成長を確かめることが

できます。また，ドリルパークは先生側が個別に課題を配付したり，個別にコメントを送ったりすることも可能です。個に応じた指導の記録も蓄積として残ります。子どもにとっては，先生からの言葉は嬉しいものです。こうしたものが蓄積されていくことも，本人のやる気につながります。

〈ベネッセコーポレーション「ドリルパーク」〉

〈ロイロノート・スクール〉

調べたこともデジタルノートに蓄積

　学習履歴はドリル問題だけではありません。調査したことや観察したことをノートとして蓄積することも可能です。デジタルノートアプリ「ロイロノート・スクール」は，学習したことをカード化してデスクトップ上に置き，デスクトップをノートとして日付ごとに，教科別に保存しておくことが可能です。デスクトップには，インターネットのサイト，写真，動画，音声なども残しておくことができるので，いつでも自分の学習に戻ることができます。残るものの保存状態が良好であれば子どもはそれも資料として活用します。

これで簡単！　ワンポイントアドバイス！

　例えば板書の写真を撮影しておけば，以前どんな学習をしていたかを振り返り，思い出すことが可能です。家庭でも今日の授業を振り返るときに板書の画像を確認することで理解が深まるはずです。

1人1台端末で
指導の個別化を実現しよう！

　「個別最適な学び」の一つが「指導の個別化」です。1人1台端末ででき
ることはどんなことでしょうか？

 一人ひとりをみる大切さは昔から

　35人前後の学級の子どもたちを育てるのが先生の仕事です。どの先生も一
人ひとりの子どもたちに愛情をかけ，声をかけ，指導しています。見捨てる
先生は一人もいません。しかし，限界があるのも確かです。一斉授業の中，
机間指導しながら，声をかけたり，質問に答えたり，子どもが提出したもの
を確認して朱書きでコメントしたり，弛まない努力をしています。しかし，
まだ理解が不十分な子がいても，学習進度の関係で進まなければならないこ
ともあります。安全面で放課後，子どもを残しづらい昨今です。休み時間も
ゆとりの時間なので奪いたくありません。そんなジレンマの中で教師は指導
を続けてきました。「指導の個別化」とは「教師が支援の必要な子供により
重点的な指導を行うことなどで効果的な指導を実現することや，子供一人一
人の特性や学習進度，学習到達度等に応じ，指導方法・教材や学習時間等の
柔軟な提供・設定を行う」こととあります（文科省「「個別最適な学び」と
「協働的な学び」の一体的な充実」）。これまで先生たちが取り組んできたこ
とです。時間的にも物理的にも不十分だったのが，1人1台端末でかなり改
善されるのではないでしょうか。

 個々の活動の様子を俯瞰し，個別に評価

　授業中，先生たちはよく机間指導を行います。歩きながら，子どものノー
トを確認し，赤ペンで二重丸を書き込む。課題ができた子は先生に提出して，

その場で評価してもらう。長年行われてきた
効果的な評価活動（形成的評価）ですが，形
成的評価は，より「リアルタイム」での指導
が効果的です。授業支援アプリを活用し，デ
ジタルノートに書き込む子どもたちのノート
を一覧表示し，よい考えで取り組んでいる子

には花丸のスタンプを送り，悩んでいる子どもには具体的なヒントをコメン
トで送ることができます。場合によってはその子のノートを共同編集して，
解き方の支援をしたり，先生のもつ資料を送ったりと重点的な学習のサポー
トをすることが可能です。

 ## 個に応じた柔軟な対応

AI型ドリルなどは個々の進捗状況を確認
できます。平均よりも問題を解くのに時間が
かかっている子ども，間違いが多い子どもを
先生側で把握しその子に応じたゴールの設定

や課題のレベルを調整することが可能になります。逆に問題を解くスピード
が速く，理解度が高い子どもにも，難易度の高い問題を配付したり，新しい
課題を提示したりすることが可能です。これまでの授業では全員が同じ問題，
課題に取り組むのが当たり前でしたが，1人1台端末では各自に合った課題
を提示することが可能になります。形成的評価は個々の子どもたちに適切な
対応が必要です。スマイルドリル・リアルタイムビューなどを活用し，それ
ぞれに応じた課題を家庭学習に取り組ませるなど，工夫もできそうです。

これで簡単！　ワンポイントアドバイス！

みんなで同じことに取り組むという授業観を捨てましょう。それぞれ
に合った学習内容を提示し，評価しながら，子どもたちの特性に合った
指導，成長を見守ることがGIGA時代の評価です。

1人1台端末で
学習の個性化を実現しよう！

> 「個別最適な学び」のもう一つが「学習の個性化」です。1人1台端末でできることはどんなことでしょうか？

子どもの興味・関心に応じた学習

　「学習の個性化」とは「子供の興味・関心・キャリア形成の方向性等に応じ，探究において課題の設定，情報の収集，整理・分析，まとめ・表現を行う等，教師が子供一人一人に応じた学習活動や学習課題に取り組む機会を提供する」こととあります。ここだけを切り取ると子どもたちに好きなことをさせなければと感じるかもしれませんが，この前段には「学習の基盤となる資質・能力等を土台にして」とあります（文科省「「個別最適な学び」と「協働的な学び」の一体的な充実」）。教えるべきことはしっかりと教えて，子どもたちが興味・関心をもつような「探究場面」や「表現場面」を設けることが必要だということです。探究の目標は子どもにとって違うこともあります。その課題に向けて子どもたちがどのように取り組んでいくか？　調査の方法，データの処理や視覚化，レポートやポスターの作成など，子どもたちの興味・関心により学習に個性が出てくるということです。これまでも総合的な学習の時間などでこのような学習は行ってきましたが，担任1人で子どもたちの支援を1からすることは不可能であり，子どもたちの興味・関心よりも，先生が支援できることで枠組みをつくり，取り組ませていたという現実がありました。1人1台端末の活用で「学習の個性化」は加速すると言えます。

情報の収集や分析を1人1台端末が支援

　例えば，「雪」をテーマにした学習を総合で行うとします。ある子は「雪

の結晶」に着目するかもしれません。ある子は「道
路の除排雪」に着目するかもしれません。ある子は
「冬のスポーツ」について調査するかもしれません。
このようにそれぞれが「雪」の様々な側面に興味を
もったときに，自分自身で学習計画を立てて，課題
を解決していく力を育てなければならないのです。それぞれの端末である程
度の調査はできるでしょう。雪の結晶を観察する子どもたちは観察方法を調
べてみます。取材も必要です。除排雪のグループは行政の問い合わせのペー
ジからメール取材をすることもできるかもしれません。冬のスポーツのグル
ープは Google Forms でアンケートを作成し，全校児童に経験したことがあ
る冬のスポーツや知っている冬のスポーツについて集計することが必要かも
しれません。これらのことが，1人1台端末では，スキルを身につけること
で，個々に，主体的に取り組むことが可能になります。

 ## 個の考えに応じた表現活動を1人1台端末が支援

　表現方法も様々です。これまでは教室や廊下に新聞で掲示するのが「定
番」でしたが，1人1台端末を使うことで表現の幅は広がります。ワープロ
ソフトや描画ソフトでデザイン性の高いポスターを作成したり，動画で表現
したり，スライドを使って自らプレゼンテーションしたり，プログラミング
でデジタルコンテンツをつくったり，ホームページにアップしたり……。表
現の多様化によって，相手意識も広がり，地域や社会に参画できる本物志向
の表現ができるようになることも1人1台端末活用の特徴です。現に多くの
若者が様々な媒体からネット経由でプロになっています。

これで簡単！　ワンポイントアドバイス！

　　学習の個性化は先生の学習デザインが重要です。子どもたちが主体的
　に活動できる学習テーマや時間を確保し，評価しながら支援していくこ
　とが重要になってきます。

端末持ち帰りで反転学習を

> 毎日宿題プリントを出すと，嫌々取り組む子どもたち。そこにどのような効果があるのでしょうか。

1人1台端末を持ち帰ることは当たり前

　2019年閣議決定された「GIGA スクール構想」では，当時の文科大臣が「PC 端末は鉛筆やノートと並ぶマストアイテム」と明言しています。つまり，1人1台端末は勉強道具の一つということです。勉強道具を学校に置いていくということはあまりないと思います。しかしながら，学校によっては，または，自治体によっては，未だに「端末持ち帰り」に難色をしめすところがあるようです。また，持ち帰りを行っている学校によっても差があり，「毎週金曜日は持ち帰る」「持ち帰ってもよいが友達同士での通信は行わない」など，よくわからない「制限」がかけられることもあるようです。理由としては，「高額なものだから破損させるわけにはいかない」「友達同士の通信はトラブルのもと」など，ネガティブな発想が多いようです。

　しかし，GIGA スクール構想における1人1台端末の効果の一つは，子どもたち自身の個別最適な学びの保障であり，自己調整力の育成にあります。鉛筆やノートでは答えてくれない，学びのヒントが詰まっているのが1人1台端末です。そこから創造性を育む学びが実現されます。また，いつでも他者とつながることができる道具でもあります。学校以外の時間でも仲間と協働的に学び，問題を解決する子どもたちを私たちは求めるべきではないでしょうか。したがって，持ち帰ることは当たり前ということです。

問いを学校で生み出し，家庭で考える

　宿題プリントの多くは，漢字や計算プリントでしょう。もちろん効果がないとは言いませんが，その宿題プリントを担任は子どものためにどのぐらい吟味しているでしょうか。一人ひとりに合った内容を準備しているでしょうか。毎日の宿題を評価しているでしょうか。それができていないとすると，その宿題にはどのような効果があるのでしょうか。むしろ，教員の仕事は多忙化し，子どもたちも，家庭で嫌々取り組み勉強嫌いになってしまうことのほうが多いのではないでしょうか。

　そもそも学習は「問い」が生まれることが大切です。子どもたち自らが家で練習しよう，考えてみよう，調べてみようと思える「問い」を学校で生ませておくことが必要で，1人1台端末はそれを解決するための道具となりえるのです。

〈家庭で活躍する1人1台端末〉

- ・AI型ドリルの活用で自分自身に合った問題に取り組む
- ・リアルタイムで評価され，取り組んだ記録から学習計画を立てられる
- ・インターネットを活用し，調べ学習に取り組むことができる
- ・他者とオンラインでつながり，協働して学ぶことができる

　1人1台端末を持ち帰ることで，自己調整的な学びが可能になります。また，友達とつながり，学ぶことができます。

これで簡単！　ワンポイントアドバイス！

　端末の破損やネットトラブルを恐れることに終始せず，宿題や家庭学習の教育観を変えることが大切です。もちろん，そのためには情報活用能力を育成することも必要になってきます。

Google Classroom で
休校中でも家庭で勉強できる

> 　1人1台端末を持ち帰ることで，家庭に「学び」を届けることが容易になりました。どんな学びが適当でしょうか。

 ## オンライン授業に固執する必要はない

　「子どもたちの学びを止めない」というキーワードがコロナ禍における学校の臨時休校のときに全国に広がりました。事実，このムーブメントがGIGA スクール構想を加速させ，1人1台端末が全国の小中学生の手元に届きました。市町村によって差異があるようですが，基本的には GIGA 端末の「持ち帰り」も行われ，Wi-Fi 環境がない家庭には，モバイル Wi-Fi が貸し出されています。これによってどの家庭も，インターネット回線で学校とつながることが可能になりました。

　さて，このような状況の中，いち早く大学や高校では「オンライン授業」が行われましたが，小学校はどうでしょうか。結論から言いますと，私は「小学校」はそれほど「オンライン授業」にこだわる必要はないと考えています。小学生という発達段階を考えると，低学年が一日中1人1台端末の前で授業を聞くというのは無理があります。また，オンライン授業は教師主導になりがちで，子どもたちの「主体的に学習に取り組む態度」を育てることとは真逆になることもあるかもしれません。閉鎖中の子どもたちへ学びを届ける際は「主体的な学び」を意識した取り組みになるように計画することを提案します。

 ## オンラインで説明し，各自問題解決学習へ

　学級閉鎖になった場合，1人1台端末を各ご家庭に取りにきてもらい，家

〈オンライン授業の様子〉

庭の Wi-Fi 環境で学習サポートを行っていきます。一日のスケジュールは学校と同じです。時間通りにはじめ，時間割通りに進めていきます。朝の会では「Google Meet」や「Zoom」などで顔を合わせて，健康調査や一日の流れを確認します。その後は学習の時間となりますが，はじめに先生がオンライン授業で学習意欲を喚起したり，問いを生ませたり，解決のヒントを示したりし，子どもたちに問題解決学習を促していきます。どの教科でも課題が明確になれば，自分自身の解決策をスライドやドキュメントにまとめ，Google Classroom に提出するといった流れが基本です。先生側は，問題解決の間にストリームで子どもたちの質問に答えたり，提出された課題を採点したりして，評価活動を行います。全員の提出が終わると，再びオンラインで全員と共有し，特徴ある子どもの考えを紹介したり，友達同士で相互評価するようにします。一斉授業でありながら，個々の空間が確保されることで，主体的な学びを創り出すことが可能です。

これで簡単！　ワンポイントアドバイス！

　いざというときのために，日頃から家庭でのオンライン学習と似た学習形態で授業を行っていることが大切です。一斉学習と個別学習のハイブリッド型の授業を意識して授業デザインしましょう。

Column4

1人1台端末と健康リスク

1人1台端末における健康被害の可能性について次の点に注意しましょう。

〈スクリーンタイム〉

長時間のスクリーンタイムは，目の疲れや，頭痛などの問題を引き起こす可能性があります。文科省と眼科医会では30分に1回は，20秒以上遠くを見て休むことを推奨しています。また，まばたきが少なくなり目が乾燥するドライアイの危険もあります。

〈ブルーライトの影響〉

画面の青色光は，目の疲れや睡眠の乱れを引き起こす可能性があります。就寝前のスクリーンタイムは，体内時計が狂い，脳や体が昼間と勘違いして覚醒してしまい，寝付きが悪くなり結果として不規則な生活になります。

〈姿勢の問題〉

長時間の座位や首を前方に突き出すような姿勢は，背中，首の痛みを引き起こす可能性があります。そのため目の位置は画面から30cm以上離し，画面と垂直になること，座り方は，深く座り，両足をつけ，机の高さは肘が直角になるように，椅子の高さは膝が直角になるようにします。また，画面直視は近視になりやすいと言われています。

〈社会的・情緒的影響〉

SNSなどの利用により，社会的な交流や対人関係が影響を受けます。リアルな対面コミュニケーションの不足や，オンラインのハラスメント，いじめによる心理的な負担が健康に影響を及ぼす可能性があります。

（「児童生徒の健康に留意してICTを活用するためのガイドブック」より）

K 養護教諭の話…

1人1台端末を使って子どもたちの力が育つことはすばらしいと思います。でも，健康リスクについても伝え，子どもたち自身がリスクを防ぐことができるのが望ましいですね。

1からわかる
ICT 授業！
協働学習編

5

章

効果的に扱う1人1台端末！
協働学習の学びを転換って？

> 協働的な学びの場は，積極的な子と消極的な子の差が生まれやすいです。
> 1人1台端末ではその差を埋めることができます。

 ## 共同？　協同？　協働……学習とは？

　「きょうどう」という言葉。3つの漢字がありますが意味を考えると，学校における「きょうどう」の課題も見えてきます。「共同」は同じものを複数で利用する，使うという意味で，ある意味教室での一斉授業は「共同学習」と言えます。ここに「力を合わせる」という意味が加わると「協同」となって，小集団で課題解決に取り組む学習がイメージされます。しかし，これまでの小集団の活動は「積極的な子」が主導権をもち，「リーダーシップ」と評価されてきましたが，消極的な子は「お客さん」になることもしばしばありました。「協働学習」の「協働」は，それぞれの子どもたちが自分の「考え」や「スキル」を働かせ，表現することです。そして，他者の異なる視点や考えを取り入れ，新たな学びを生み出すことです。「協働的な学び」は学級経営や人間性，人間関係との関連性が強いことと，物理的にも時間的にも制約が多かったために「協同」で終わることも多かったのですが，1人1台端末を効果的に活用することで，全ての子どもたちが考えを共有し，力を合わせる学習ができるようになってきています。個別最適な学びを保障し，協働的な学びを実現していきましょう，というのが令和の日本型教育の肝です。

 ## 一人ひとりが調査し，独自の視点で情報を編集

　協働的な学びを実践するためには，個々の学びをどう指導し，どう引き出

すかが重要です。しかし，この指導はこれまで限界があったのも確かです。個々に調査するといっても，図書館で調べる，関係者に取材をする，調査したことをまとめる……，これらはどの子もできるわけではありません。コミュニケーション能力，書く力，まとめる力，表現する力などは大きな差があり，個別最適な指導が欠かせないのです。ただ，指導したからといってすぐに美しくノートにまとめられるわけもないので，このすぐには埋めることのできない能力差が，「協同」を「協働」にできない要因でもありました。1人1台端末はその能力差をなくすことはできませんが，かなり縮めることができます。情報の収集や選択も端末の中で整理され，表現方法も多様なので，自分独自の視点で情報を編集し，自分なりの考えを表現しやすくなりました。

 ## それぞれの考えが即時に共有され，共同編集も可能

1人1台端末のおかげで，自分自身の考えをもつことができれば，それを即時に他者と共有することができます。教室内での人間関係やコミュニケーション力，表現力の差がこれまでの「共有の難しさ」でしたが，画面上で他者の考えを容易に閲覧できることで多様な意見を即時に取り入れることが可能です。また，自分の意見も他者に評価してもらえることで，能力の差に影響されずに「協働的な学び」を実現できると言えます。1人1台端末の共同編集機能を活用すると，短い時間で多くの他者の考えに触れることができ，情報を処理する力も自然とついていきます。

これで簡単！　ワンポイントアドバイス！

> 同じ空間と時間で，リアルに感性や考え方が触れ合うこともももちろん重要です。ただそこには「偏り」がありました。全ての子どもが等しく触れ合えることに ICT 活用のよさがあります。

共同編集ソフトで
新聞制作しよう

> 協働的な学びの場は，積極的な子と消極的な子の差が生まれやすいです。
> 1人1台端末ではその差を埋めることができます。

 ## 壁新聞からデジタル新聞へ

　学習のまとめとして，学校文化には「新聞づくり」文化が根強く残っています。学んだことを広く伝えるという意味では，長年，教育現場では重宝されてきた「まとめ方」であり，先生たちも学生時代に経験したこともあり，教育現場では今もなお主流です。しかし，子どもたちが取り組む新聞制作には課題もあります。一つは指導の難しさです。どのような内容にするか構成を指導しても，文章の内容や表現など，修正しようとして消しゴムで消して書き直すという作業は非効率的です。書き直すには時間もかかり，結果として「一発勝負」的な制作になっているのがほとんどではないでしょうか。また，評価の難しさもあります。色使いやデザインのよさから過大評価をしたり，字を書くのが苦手な子が制作した新聞は過小評価されたりすることもありました。グループで新聞作成をするときも，大きな模造紙に頭を近づけ，無理な体勢で書き込んだり，上から紙を貼って訂正したり，制作には時間も労力もかかります。

　ここで1人1台端末です。紙に鉛筆で書く新聞制作もあってよいですが，デジタルで作成するほうが，指導も評価も表現方法も効果的です。教育現場の新たな「デジタル新聞」文化をつくっていきたいものです。

 ## 修正ができることで試行錯誤が可能

　先に述べたようにアナログでの新聞制作は修正が難しいです。デジタル新

聞であれば，修正だけではなく，文章の挿入や入れ替えといった編集が容易です。したがって，本人が納得するまで試行錯誤することも可能です。またグループで協力して取り組むときは同時編集が可能です。自分が担当する記事を作成しながら，同時に仲間の進捗も確認できるので互いに評価し合いながら，作成できます。

〈コラボノート EX で作成したデジタル新聞〉

 ## デジタル新聞は発信方法も多様

　デジタル新聞はもちろん紙にも印刷が可能です。発信の目的に合わせてちらしのように数多く印刷したり，大きな模造紙サイズで印刷したりすることも可能です。Web サイトに公開することも可能になります。これまでは，教室や廊下などの掲示が定番だった新聞も，地域や遠方の人たちにも発信することが可能になったので，「遠隔交流」などの学習にも活用できます。自分たちが何のために新聞作成をするのかという意識をもたせることで，相手意識や主体的な表現をもち，新聞作成を行うことができるのです。これが，新しい時代の「新聞づくり」だと言えます。

これで簡単！　ワンポイントアドバイス！

　発信方法が多様化したことで，デジタルデータの特性や，著作権，肖像権，個人情報などに留意し，情報モラルを子どもたちに指導することもこれまで以上に必要となってきます。

プレゼンソフトで
チームプレゼンテーションができる

> チームプレゼンテーションは，同じ目標をもち，チームで合意形成しながら役割分担をして個の活躍を生かすことができます。

ポスターセッションからデジタルプレゼンテーションへ

　学習のまとめとして，成果発表や意見の主張などを他者の前で行う「プレゼンテーション」活動が学校現場で盛んに行われるようになりました。以前は紙とサインペンなどで作成したポスターの前で発表するポスターセッションが主流でしたが，1人1台端末が配備されてからは，デジタルスライドをつなげて発表するプレゼンテーションが盛んに行われるようになってきています。修正が容易で試行錯誤しやすい「デジタル」の特徴を生かし，スライドの内容を編集したり，スライドの順番を入れ替えたりするなど，「主張をいかにわかりやすく伝えるか」という視点で，発表内容を考えることができるようになりました。チームでの取り組みでは，それらの視点での合意形成が必要であったり，調べる視点を分担して調査を行ったりします。スライド作成，発表者，PC操作など役割を分担して，「学習の個性化」を実現できることもデジタルプレゼンテーションのよさと言えます。

思考基地としてのロイロノート・スクール

　プレゼンテーションソフトとして，利用されることが多い，「ロイロノート・スクール」は，アプリ上のデスクトップに，調査したメモや画像，Webページ，動画などをスライドとして置くことができます。子どもたちはそれらのコンテンツを直観的に指で操作しながら順番や組み合わせを考えていき，それをつなぎ合わせることでプレゼンテーションを簡単に作成できます。

〈ロイロノート・スクールでスライドをつなげてプレゼンを作成〉

 ## スライドの送受信で協働的に

　チームでのプレゼンテーションでは自分で作成したスライドの送受信ができるので，仲間とのやり取りが容易です。資料箱で共有もできるので仲間のスライドを参考にしたり，手直ししたりといった交流もできます。また，調査対象について役割分担し，各自でスライドを作成したり，ナレーションを入れたり，アニメーション効果をつけたり，写真撮影をしたり，動画を編集したりといった総合的な情報収集をチームで行い，一つのプレゼンテーションをつくり上げることが可能になります。全員が同じことをするのではなく，同じ目標のもとに，個々の興味関心を生かした学習が，チームプレゼンテーションでは達成しやすいと言えます。

　完成したプレゼンテーションは教室だけにとどまらず，学年や全校，保護者の前で発表できるとよいです。

これで簡単！　ワンポイントアドバイス！

　ソフトウェアのおかげで多様な表現が可能になり，チームでの取り組みでも個を生かすことが可能です。しかし，いちばん大切なことはチームでの目標の共有です。そこの部分はおろそかにしてはいけません。

Google Jamboard で
クラス全員と意見交流しよう！

> 大きな模造紙に自分の考えを付箋に書いて貼っていく……。デジタルだとそんなことが可能になります。

 ## 全員の意見が位置づき，価値づき，方向づく重要性

35人学級で35人の意見を聞いたり，生かしたりすることは難しいものでした。授業は積極性を重視されることが多く，挙手により意見を位置づける文化ができたのは，全員の意見を聞いていたら授業が進まないという理由もあったからでしょう。先生たちは黒板にネームプレートを貼らせ，意見を位置づけたり，価値づけたりしましたが，どうしても積極的な子が価値づけられ，消極的な子は埋没してしまうことが多かったのではないでしょうか。いつでも，どの子の意見も読み取ることができる，共有することができる……，そんなツールがあれば夢のようだと思う先生もいたはずです。

 ## リアルタイムで意見交流が可能に

Google Jamboard は Google が提供するオンラインホワイトボードで，Google アカウントがあれば誰でも無料で利用できます。先生が Google Jamboard を作成し，Google Classroom などに添付することで，子どもたちは参加できるようになります。参加者全員で共有できる「デジタルホワイトボード」で全員が同時に書き込むこともできますが，最大の特徴は「付箋」を貼ることができることです。背景をつけることも可能なので，視点や立場で付箋を動かして分類するなど，視覚的で活発な意見交流を学級全体でできるのが特徴でもあります。

※ Google Jamboard は2024/12/31に提供終了しますが，その後，同等機能の別のアプリが利用可能となる予定です。

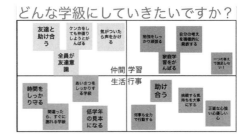

 ## 付箋を動かし分類・整理することで新しい視点を

　例えば，学級目標をみんなで考え，どんな学級にしたいかを付箋で貼っていきます。個の意見は自由です。現在の課題や，将来的に目指したいことなどを入力します。Google Jamboard では誰もが付箋を移動することができるので，先生が代表して，子どもたちの意見を類分けして位置づけていきます。すると，「仲間意識」「学習面」「生活面」「行事面」といった視点が見えてきました。子どもたちが思う学級目標には，この４つの視点が要素としてあるということです。その部分の課題を見つけて，評価できるような学級目標をつくっていこうと「方向づける」ことができます。視点が見えたら，付箋の色などにルールを設けて位置づけていくと分類も容易です。高学年では学級会や委員会活動で子どもたちが主体となって取り組むこともできるでしょう。手を挙げて発表しなくても，自分の意見が位置づく，価値づく。このような経験をそれぞれの子どもたちが経験することで，自己肯定感が向上し，積極的な子どもに成長していくのではないでしょうか。

これで簡単！　ワンポイントアドバイス！

　全員で書き込む，動かすという同時編集では，誤って消してしまったり，間違えて入力したりなどの失敗がつきものです。ICT スキルを向上させることも意識しながら取り組むことが大切です。

チームでCMや
PR動画をつくろう！

子どもたちによる動画編集は教室では行われてこなかった実践ですが，1人1台端末によりそれが可能になりました。

 ## 動画編集は“お手のもの”の子どもたち

　私自身も数年前，担任だった頃にタブレット端末を活用して，「番組づくり」「CMづくり」「PR動画」の作成を行いましたが，当時の印象でいちばん残っているのが，動画作成のセンスや編集の感覚がすでに子どもたちに身についていたことです。例えば，ここでは手元をアップにする，ゆっくりとパーンする，素早いカット割り，ジャンプカットなど，子どもたちのほうがすでに動画編集の知識がありました。テレビよりもスマホで動画世代の子どもたちにとって，学習のまとめは「新聞」よりも「動画編集」の方が確かに合っていると言えます。では先生たちはどのように動画作成を指導すればよいのでしょうか？

 ## 「目的意識」と「相手意識」

　学習のまとめとして行う表現活動にはやはり「目的意識」と「相手意識」が重要です。ただ動画を作成して楽しむのではなく，何のために，誰のために取り組むのかを意識づけします。例えば，給食残量ゼロを目標に，給食時間に全校放送する，学校紹介を目標に，新1年生向けに動画を作成する，募金活動を目標に学校ホームページで地域の方向けに公開するなど目的と対象を明確にして取り組むように指導します。「CMづくり」「ドラマ作成」「プロモーションビデオ」など，動画にもいろいろな種類があるので，どのようなコンテンツがよいか考えます。

 ## チームで役割分担を

　動画作成はチームでの役割分担が大切になります。まず「プロデューサー」が絵コンテで動画の構想を作成します。もちろんチームで相談しながら，動画の展開を決定します。それをもとに「ディレクター」は監督をして，撮影方法やスケジュール，キャストを決定します。「キャスト」は実際にどのように演じるかを考え，「脚本家」はセリフやナレーションを作成します。絵コンテをもとに撮影するのが「カメラマン」です。カメラマンが撮った映像を，「編集者」が編集します。「編集者」は映像の順番を変えたり，時間を調整したり，字幕スーパーを入れるなどします。音楽を挿入することも可能です。このように動画作成は様々な仕事の組み合わせでつくられることから，子どもたちの特性を生かして，「学習の個性化」を実現できる学習活動として適しています。

　また，動画作成は情報量が多いことから「個人情報」や「肖像権」「著作権」にも十分に注意して取り組ませることが必要です。特に YouTube など外部に公開するような場合はその点を配慮し，流出などのトラブルが起きないように注意します。

これで簡単！　ワンポイントアドバイス！

　YouTube で動画公開には「限定公開」というものがあります。限定なのでそのアドレスを知っている人でなければ視聴することができません。検索にもかからないのでおすすめです。

仲間同士で評価してみよう！

協働的な学びでは仲間同士のつながりが大切です。互いに評価し合うことで多様な考えに触れることができます。

 評価は表現力

　協働的な学びの場は力を合わせて，何かに取り組むことばかりではありません。それぞれの意見を交流し，互いに評価し合うこともまた「協働的な学び」です。「評価」があることで自分自身の学習経過を振り返り，現状の課題を再確認します。「評価」は先生がするもの……，というイメージが強いですが，仲間同士，声をかけ合うことが「評価」と言えます。もちろん「評価」は感覚的なものではありません。「すごい」「変なの」ではなく「何がすごいのか」「なぜ変なのか」を伝えなければ評価と言えません。だからこそ子どもたちにも「評価観点」を共有することが大切になってきます。共通の指標をもって評価し合うことが「対話」です。つまり，評価とは「表現力」であり，「評価観点を理解し，他者の良し悪しを的確に捉える」ことが必要です。そういう意味では，自分の考えを発言することよりも高度な思考と言えます。したがって，相互評価の経験をもっと授業の中でさせるべきで，それには1人1台端末の活用が求められます。

 スクールタクトで他者にコメント

　スクールタクトは学級の仲間の考えを一覧表示できる授業支援ソフトです。一覧表示させるだけでなく，他者の考えにコメントを入力することができます。1人1台端末がなかった時代は教室の中をぐるぐる歩いて，友達の作品にコメントを記入した付箋を貼る……，といったこともよくやりましたが，

付箋に書く，内容によって色を変える，貼るといった形式的なことに気を取られ，評価される方も付箋の数に注目しがちでした。コメント機能は手軽に，相手の考えに評価文を記入することができ，さらに評価された側も返答することができるので自然に対話が生まれ，さらに記録もされます。

つながりを分析

スクールタクトでは子どもたち同士の評価的なつながりを線の数と太さで表す「ログ分析」ができます。また，子どもたちの参加度合いを評価として取り入れることや，中長期の活動でのつながりの変化を捉えることもできます。

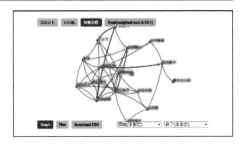

これで簡単！　ワンポイントアドバイス！

評価し合うためには人間関係が大切だという意見もありますが，むしろ授業の中でこのような評価の表現力を鍛えていくことで，人間関係を育てていくことが大切です。

PBL を用いてそれぞれの視点で調査してみよう！

> チームで問題解決に取り組むプロジェクト型学習は，主体的・対話的で深い学びを生み出す学習です。

 ## プロジェクト型学習とは？

　プロジェクト型学習を聞いたことがあるでしょうか？　「PBL ＝ Project Based Learning」と呼ばれるこの学習は，子どもたちが共通の本質的課題をもって，それぞれの視点で問題解決に取り組み，成果を発表する学習です。「PBL なんて，私には関係ない……」なんて思わないでください。実は GIGA スクール構想の，目指すべき次世代の教育に，「プロジェクト型学習を通じて創造性を育む」と明記されています。自分なりの課題を見つけ，学習計画を立て，観察や調査をし，分析した結果を仲間と交流してその成果を表現することが求められています。事実，全国学力学習状況調査の問題には，プロジェクト型学習を思わせる学習背景が文脈となった問題が多く出題されています。このような問題は，経験しなければ答えるのが難しいです。これからの教育は，やはり主体的・対話的で深い学びをつくりだす授業デザインが必要だということです。

 ## 1人1台端末で実現する主体的・対話的で深い学び

　「雪にはどのような特徴があるのか？」という本質的課題をチームで共有します。この本質的課題は「雪には様々な利点があり，それを生かすことで共存していくことができる」という中心概念を単元のねらいとします。子どもたちは個々の視点で雪のよさや課題を取りあげ，情報を集めます。ある子は，雪中キャベツについて調べます。雪の下に保存したキャベツがなぜ甘く

なるのか？　子どもたちなりに，実験を行い，甘さを糖度計で図るなどして調査したことをまとめます。別の子は大雪が招く「雪害」に着目し，除雪のために使われる道具をお店などで調査し，撮影などをして端末にまとめていきます。

 教師はコーディネーター

　プロジェクト学習では，それぞれの子どもが課題をもって，独自の視点で情報を集め，それを整理分析してまとめていくことが大切です。ここには先生が子どもたちの前で「教える」姿はありません。先生はあくまでも子どもたちの学びを支援するコーディネーターです。しかし，クラスには35人の子どもたちがいます。やはりここで欠かせないのは1人1台端末です。調査したこと，結果としてまとめたことを端末に保存することで，先生は一元管理が可能です。進捗情報も授業支援ソフトを使えば，随時確認でき，適宜，コメントによる評価が可能になります。子どもたち同士もデータのやり取りをネット回線を通して端末で行ったり，直接画面を見せて説明したり，共同編集したりと，主体的・対話的で深い学びを実現します。

これで簡単！　ワンポイントアドバイス！

> 　知識を教えるという先生の役割はもはや教育動画で十分です。これからの時代，大切なことは，子どもたちが主体的に学ぶことであり，そのために先生がICT活用のアドバイスなど支援をすることが重要です。

Column5

ネットいじめ・トラブルを防ぐには？

　これまでの学校生活でもいじめやトラブルは問題視されていますが，ネット上では，被害や影響が大きくなりがちです。そのため，これらを防ぐには次のような視点が必要になってきます。

〈デジタルエチケットの指導〉

　子どもたちに，オンラインでの適切な振る舞いやコミュニケーション方法について指導します。ネット上ではテキスト中心になり，誤解が生まれやすいこと，多くの他者に共有されることから，相手のことを考える想像力や，ネット上のエチケットを身につける必要があります。

〈オンラインセーフティの教育〉

　子どもたちに，プライバシー設定の管理，パスワードの安全な管理，個人情報の保護，オンラインのストーキングやいじめの識別方法などを指導します。そうすることでオンラインの安全性を教えます。

〈助けを求める方法の教育〉

　子どもたちに，ネットいじめやトラブルに遭遇した場合に，信頼できる大人や教師に助けを求める方法を指導します。相談窓口やヘルプラインなどを提供し，子どもたちが安心して相談できる環境を整えることが大切です。

〈ネットワークの安全性の強化〉

　ネットいじめやトラブルを防ぐために，学校のネットワークやオンラインプラットフォームでのセキュリティ対策を強化することも大切です。フィルタリングシステムの導入，アクセス制限の設定，監視システムの使用などが含まれます。

〈ポジティブなデジタルフットプリントの促進〉

　子どもたちに，オンライン上の行動が将来のキャリアや人間関係に影響を与えることを理解させます。ポジティブなデジタルフットプリントを築くために，適切なコンテンツの共有，建設的なオンライン参加，オンラインでの自己表現の重要性について指導します。

評価もこれで楽になる！ICTを活用した評価

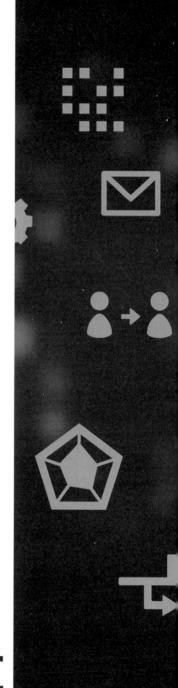

6

章

Google Forms で診断的評価
―事前に子どもの知識を確認―

> 診断的評価は子どもが教材について，どの程度知っているかを把握するために行う評価です。ここから指導計画を立てていきます。

 診断的評価で単元デザインを構想する

　「完全習得学習」を提唱したブルームを覚えているでしょうか。大学の頃に学んだ方も多いはずです。「完全習得学習」は落ちこぼれを生み出しやすい一斉授業であっても，一定水準の学習内容を習得させることを目指すもので，その中で３つの評価を重要視しています。その１つが「診断的評価」です。診断的評価とは，事前に学習者と教材の距離感を把握するための評価で，そこから，個々の実態に合わせた単元目標を設定し，習得を目指します。そこで，学習内容や教材について子どもたちがどの程度知っているかを，事前に調査します。調査の結果によっては単元の展開や身につけさせたい知識を増やしたり，体験活動を調整したりすることが求められます。

 学習対象についての簡単な質問を準備する

　例えば６年生社会科の地方自治における高齢者福祉についての単元です。子どもたちにとって，お年寄りはどんな存在なのでしょうか。子どもたちとお年寄りの距離感をつかむために，事前に質問を考え，Google Forms でアンケートを作成します。例えば，１問目に「お年寄りとは何歳から何歳までか」と聞きます。子どもたちのお年寄りのイメージは意外に若いかもしれません。次に日本の平均寿命についての知識を問います。こちらは意外に高齢かもしれません。この質問だけでも，高齢者の定義が子どもによって違うことがわかるかもしれません。

高齢者の生活について聞いてみます。年齢から言うと子どもたちにとって祖父母は，60代で，高齢者としてはまだ若い存在かもしれません。したがって，高齢者の生活や困っていることを聞くには，曽祖父母にインタビューをするほうがよいかもしれないと，計画することができます。身内や身近に70歳以上の高齢者がいない子どももいるかも知れません。その場合は高齢者施設等でお年寄りと体験活動を計画に入れるなど，単元デザインをすることができます。

 ## グラフ化などで全体の傾向を確認

Google Forms の結果はすぐにグラフ化が可能なので，学級全体で学習対象に関する認識の傾向を共有することもできます。認識の違いから問いを生み出し，学習問題をつくり出すこともできます。

これで簡単！　ワンポイントアドバイス！

> 教科書にあるからと当たり前のように教材化しても，子どもたちにとっては知らないことと知っていることは違うはずです。診断的評価はそんな子どもの認識の違いを明らかにします。

マインドマップで診断的評価
―子どもと教材の距離を視覚化―

> 診断的評価は子どもが教材についてどの程度，知っているかを把握します。Webマップで知識のつながりを確認します。

診断的評価で知識のつながりを視覚化する

　診断的評価は，生活経験や既習の知識の確認も大切ですが，知識同士の関係性を知ることも必要です。このつながりはフォームのような一問一答では確認することが難しいです。知識同士のつながりをみるには線でつなぐ表現が必要となります。そこで学習内容や教材について子どもたちがどの程度知っているかを視覚化します。この視覚化に有効なのが「マインドマップ」と呼ばれるフレームワークです。対象となる事象を中心に，学習課題や教材を位置づけ，そこから関連する知識を線でつなぎ，蜘蛛の巣のように広げていきます。もちろん紙と鉛筆でできますし，以前から総合的な学習の時間の1時間目に取り組んできた先生も多いと思います。しかし，広げた知識に関連を見出し，移動させたり，色を変えたりする作業を行うには断然，デジタルのほうが効果的です。

視点を広げ，多面的な見方や考え方を育てる

　雪をテーマに学習を進めていきたい場合，「雪」を中心概念としてマインドマップを作成します。「雪」をイメージして思い浮かぶものを周囲に入力していきます。子どもによっては，キーワードが広がらず，雪そのものの実体験がない子もいます。また，スキーなど一面的な知識だけが突出している子もいるかもしれません。中心テーマの周囲にできた「ブランチ（分岐点）」に着目し，その一つについて調査してみるように目標を設定します。最終的

には，他者と交流して，中心テーマの多面性を捉えて，自分自身の課題と関連させられると思考が高度化していきます。

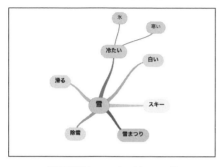

〈単元当初のマインドマップ〉　　　〈単元終了後のマインドマップ〉

 ## 自分自身の成長を視覚化する

　マインドマップの利点は学習課題を明確にしていくことだけではなく，自分自身の成長を視覚化することも可能だということです。単元の学習に入る事前の診断的評価と単元の学習が終了する出口のところでマインドマップを作成します。すると事象から関連したつながりはもちろん，知識同士のつながりも増えて，どの子も網の目が細かくなっていくはずです。テストの点数だけで自分自身を評価するのではなく，自分自身が習得した知識の広がりは，量だけでなく，関連性やカテゴリーにも見出すことができ，知識の面として広がりを実感できるはずです。そういう意味で，1人1台端末でのソフトウェアを使ったマインドマップづくりは柔軟に表現することが可能です。

これで簡単！　ワンポイントアドバイス！

　探究的な学習を行う場合は学習のはじめと終わりにマインドマップを作成するようにし，1人1台端末に保存しておきます。様々なマインドマップを集めることで自分自身の成長を実感できます。

形成的評価
―ルーブリックを作成して子どもの力を育てよう―

> 形成的評価は日々の授業で，子どもを育てていくために行います。子ども
> と先生で共有するのがルーブリック（評価基準）です。

評価規準と評価基準

　この言葉……，どちらも「ひょうかきじゅん」と読むので，若手の頃に混乱した先生も多いのではないでしょうか。現場ではこの２つの用語を「ノリジュン（評価規準）」「モトジュン（評価基準）」と区別して呼ぶことが多いです。「ノリジュン」は，評価の観点ごとに子どもにつけたい力を，具体的に文章表記したものです。一方，「モトジュン」は，評価規準で示されたつけたい力の習得状況や活用状況の程度を示す指標で，数値（１・２・３）や記号（Ａ・Ｂ・Ｃ）などで表すために，それぞれの定着尺度を具体的に文章化したものです。つまり，「ノリジュン」は質的基準であり，「モトジュン」は量的基準と言えます。

　ルーブリックとは「モトジュン」を観点と尺度の表で示したものです。特に知識及び技能の習得だけではなく，それらの活用や，思考力，判断力，表現力等の定着を評価するのに効果的です。ペーパーテストだけでは測れない，非認知能力を定期的に評価し，育てていくことが大切で，当然，子どもと「ノリジュン」「モトジュン」を共有することにも意味があります。

Google Classroom でルーブリックを設定する

　このルーブリックは Google Classroom で簡単に設定できます。Google Classroom の「授業」タブで「課題」の作成をします。ここで，知識及び技能の活用や思考力，判断力，表現力等の活用を評価する，「パフォーマンス

課題」を設定します。ワークシート等を作成し，ファイルを添付したり，質問事項をフォームで添付したりすることも可能です。その後，「ルーブリック」の作成を行います。ここで言う「評価基準の名前」は「評価観点」です。「評価基準の説明」は「評価規準（ノリジュン）」になります。「評価基準（モトジュン）」には，数値と説明を入力します。

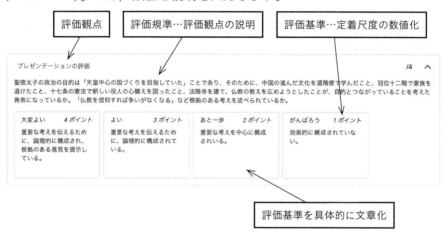

ルーブリックは子どもと共有し，何度も評価することが大切です。評価を繰り返すことで，子どもたちの資質・能力を育てていきます。Google Classroom で子どもたちそれぞれに評価，コメントをすることができるので，何度もくりかえし，自分自身の課題を明らかにします。

これで簡単！　ワンポイントアドバイス！

> 　ルーブリックは子どもと共有し，何度も評価しながら課題を明らかにすることが大切です。通知表のための評価ではなく，資質・能力を育てるための日常的な評価の目標です。

形成的評価
―自己評価で子どもの力を育てよう―

> 自己評価は，自分についての評価を自分自身で行うことです。自分自身の資質・能力を客観的に認知することです。

 ## なぜ，自己評価が必要なのか

　形成的評価は，日常的に先生が子どもを評価し，子どもたちの資質・能力を育成していくことが目的で，「指導と評価の一体化」の一要素でもあります。一方，自己評価は子ども自身が自分自身を評価することですが，これがなぜ形成的評価につながるのでしょうか？

　自己評価は主に知識及び技能の活用や思考力，判断力，表現力等について「ルーブリック」を使って行います。これは，身につけるべき「資質・能力」について子ども自身が，客観的に認知することをねらっています。つまり，意識化するということです。ただ，子ども自身の評価は，過大評価であったり過小評価であったりすることもあるので，教師が行う評価と比較して，子どもの「自己評価力」を育成します。そうすることで，形成的評価によって育まれる「資質・能力」が高まっていくのです。

　このような自己評価の方法を「メタ認知」と呼びます。メタ認知は「自己調整学習」の重要な3要素（「動機付け」「学習方略」「メタ認知」）の中の一つです。他にも「振り返り（リフレクション）」「自己省察」「内省」など自分自身を客観視する活動があります。

 ## Google Classroom を使って自己評価の蓄積を

　Google Forms を使って，自己評価ができるアンケートを配付します。アンケートはラジオボタン形式で，評価基準（ルーブリック）で選択肢を作成し

ます。それを Google Classroom で課題として設定します。Google Classroom でもルーブリックを作成しておくと，先生側からも子どもへの評価やコメントを送ることができます。

評価基準を配付

教師側の評価とコメントを入力

　毎時間，子どもたちは自己評価をすることで，次の時間への課題を明らかにします。そこに先生側の評価やコメントがすぐに返ってくるとより自分にとっての課題が明らかになるはずです。さらに，先生側のスプレッドシートで自己評価を蓄積することもできるので，自分自身の評価の変化を振り返ることも可能です。これらは，ICT を活用しない場合は毎回，先生が回収して赤で評価やコメントを入れることになります。そう考えると1人1台端末の活用は集約が容易で効率的です。また，すぐに先生からの評価を返信することができるのは効果的と言えます。

これで簡単！　ワンポイントアドバイス！

　　自己評価は先生と子どもがルーブリックを共有し，自己評価と先生の評価を付け合わせることで，子どもが自分自身の「資質・能力」を意識化し，高めていくことにつなげていくことが大切です。

総括的評価
―知識・技能習得の評価はテストを作成しよう―

> 単元等の学習の最終的な到達度を判断するために行うのが総括的評価です。

 学校DXは紙のテストをデジタル化することから

　学校と言えばペーパーテスト。先生が採点をして，100点で返ってくることを目指して勉強するのが，学校の当たり前の光景でした。しかし，今の教育を考えると，この評価方法は多様な評価方法の一つに過ぎません。

　ペーパーテストはほとんどの学校が教材費から購入してもらう市販のテストを採用していると思います。しかし，これはあくまでも教科書に準拠した内容であり，各学校の特色ある教育課程の内容を反映していることはありません。また，授業で取り扱っていない内容も出題されることがあり，結果として授業とテストが乖離しているなどの問題点を抱えていると思います。では，自作……，となるのですが，自作となると教員の仕事量が増える懸念もあります。そこで，ICTの活用です。単元のまとめとして実施するテストをGoogle Formsを使って，自作してはどうでしょうか。制作の手間があるかもしれませんが，学年で分担したり，毎年蓄積したりすれば，2年目以降は加除修正で済みます。そして何より，採点や記録が自動で行われ，子どもたちにもすぐにフィードバックできます。また，学級全体の平均や正答率などもすぐに確認ができるので，先生も授業内容の再考などに役立てることができます。全教科とは言いません。書き取りや，筆算などがある国語や算数といった用具教科より，社会科や理科など，内容教科であれば習得的な内容が多く，評価しやすいのではないでしょうか？

Google Forms で作成

　Google Forms では回答形式を記述式か選択式でつくることができます。市販のテストもほとんどが選択式なので問題ないでしょう。選択式にはいくつか種類があります。

・ラジオボタン…一つだけを選択する
　方式
・チェックボックス…複数選択できる
　方式
・グリッド…行と列で質問と選択肢を
　つくる方式
・均等メモリ…数値目盛で段階評価す
　る方式

記述の場合は2種類あります。

・記述式…短文で，単語などを求める
　場合は解答集でいくつか設定するこ
　とができます。
・段落…長文解答の場合です。解答集
　の作成は難しいので，この部分は教
　師による採点が必要です。

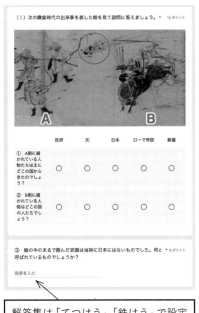

解答集は「てつはう」，「鉄はう」で設定

　Google Forms でのテストは総括的評価としても活用できますが，形成的評価としてミニテストでも活用できます。

これで簡単！　ワンポイントアドバイス！

　Google Forms でテストを実施すると採点や記録が効率的になる反面，保護者への連絡が紙のようにはいきません。印刷をしたり，得点通知表を作成したりという工夫が必要です。

総括的評価
―パフォーマンス評価で学びの深まりを把握しよう―

> 思考力，判断力，表現力等を評価するには，それらを応用的に，複合的に生かしたパフォーマンス課題を設定します。

 ある一定の成果を総括的に評価することも大事

何度も言いますが，知識や技能を働かせる力や，思考力，判断力，表現力等がどのように身についているかを評価するには，まず日常の育成が重要であり，そのためにルーブリックを作成し，形成的評価を行うことが求められます。一方で，ある時期には成績を出し，通知表で伝えることも必要です。ですから，どこかでそれまでの総括的な評価をしなければいけません。これらの評価は「テスト」だけというわけにはいきません。活用する力や思考力などを評価するための課題を提示し，ルーブリックに沿って，成果を評価する必要があります。このように，子ども個人やチームに課題を課して，その「活動」を評価する方法を「パフォーマンス評価」と呼んでいます。その課題が「パフォーマンス課題」です。

 応用的・総合的な力を発揮するパフォーマンス課題の設定

パフォーマンス課題は，ペーパーテストのような「暗記」していれば答えられるような課題ではなく，それまでに学んできた「知識」や「技能」を活用し，自分なりに思考したり，表現したりすることができるものでなければいけません。つまり，複雑な課題と言えます。いくつか例を挙げてみます。

・習得した作図方法を生かして，複数の図形を敷き詰めて描こう（知識・技能を働かせる）
・複数の資料から，課題を見つけ，解決策を提案しよう（思考力）

・歴史的事象を評価し，成果と課題をまとめよう（判断力）

・チームで課題解決したことをまとめて発表しよう（表現力）

 Google Classroom で課題設定

　Google Classroom で課題を作成し，子どもに配付します。その際，ルーブリックを作成し，考え方のめあてを明確にします。

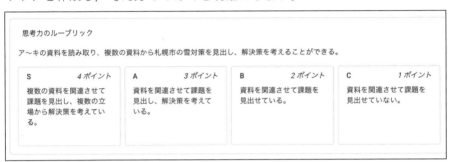

思考力のルーブリック
ア～キの資料を読み取り、複数の資料から札幌市の雪対策を見出し、解決策を考えることができる。

S　　　4ポイント	A　　　3ポイント	B　　　2ポイント	C　　　1ポイント
複数の資料を関連させて課題を見出し、複数の立場から解決策を考えている。	資料を関連させて課題を見出し、解決策を考えている。	資料を関連させて課題を見出せている。	資料を関連させて課題を見出せていない。

　課題と一緒に必要に応じてグラフなどの資料を添付します。ここでは，札幌市の雪対策に関する資料を 7 つ準備し，添付しています。この場合は，複数の資料を関連させて考える力（資料の読解力）や解決策を考える（発想力）の定着を評価しようとしています。したがって到達規準は「Ａ」ですが，子どもの資質・能力は先生側がねらう以上に，身についていることもあります。そのため，Ｓという到達規準を準備します。子どもは自分の考えをテキストにまとめ先生に提出します。総括的評価は，日常的に同じような課題に取り組んで評価する形成的評価の継続の積み重ねの上で実施することが大切です。能力分類だけの評価にならないように注意しましょう。

これで簡単！　ワンポイントアドバイス！

　思考力，判断力，表現力等の評価は，形成的評価の積み重ねの上で，パフォーマンス課題を設定し，テキスト入力，プレゼンテーションの形で表現し，ルーブリックを通して評価するようにします。

総括的評価
—ポートフォリオ評価で学習の経過を蓄積しよう—

> 評価は成果だけを見るものではなく，その過程が大切です。多面的・多角的な視点で探究プロセスを評価します。

探究的な学びをデジタルで保存

　ポートフォリオには，「書類が入っている鞄」という意味があります。学習におけるポートフォリオとは，それまでの学習で調査したメモや資料，ワークシート，小テストなどをファイリングしたものです。これまではそのほとんどが紙媒体でした。フラットファイルに穴あけパンチで穴をあけ，綴じていくのですが，これがなかなか大変な作業で，子どもによってはこのような整理整頓が苦手で，順番がめちゃくちゃになったり，資料をなくしてしまったりと，探究している過程とは別の力が評価され，意欲が失われがちでした。しかし，1人1台端末の時代となり，保管する資料も，写真や動画，PDF など紙媒体ではない資料が増えてきました。デジタル保存はかさばらず，劣化もせず，紛失することもなく，穴をあけることもありません。しかし，フォルダの新規作成や「保存」「整理」「名前を付けて保存」などの情報活用スキルを指導することも大切です。

デジタル保存するための情報活用スキルを身につける

　GIGA スクール構想によって，子どもたちにはアカウントが配付され，クラウド上のマイドライブと紐づいています。つまり，クラウド上に子どもたちのフラットファイル（フォルダ）があることになります。しかし紙のファイルと同じようにただ重ねていくと，デジタルでもファイルが散乱します。ここで身につけるべき「スキル」は「ネーミング」と「フォルダ構成」です。

〈ネーミング「名前をつけるときのルール」〉

　ファイルの名前はかなり
重要です。闇雲に名づける
のではなく，あとで検索す
るとき，見つけやすいよう
に，単元名や内容がわかる
ようなネーミングをするの
がコツです。

〈フォルダ構成「わかりや
すい階層のルール」〉

　検索して探さなくても，
場所をつくっておけばすぐ
に見つかります。階層は，
なるべく浅く，「学年」→「教科」→「単元」の３階層ぐらいにしておきま
す。

 ## ポートフォリオ評価

　ポートフォリオ評価のよさは「リアルタイム」で子どもの学びを見ること
ができ，子ども自身も自分の学びを振り返ることが容易な点にあります。懇
談時などに，資料や成果物など，多様な取り組みを保護者に説明できること
もポートフォリオのよさと言えます。

これで簡単！　ワンポイントアドバイス！

　ポートフォリオ評価は個別最適な学びを保障し，個に応じた指導を促
します。子ども自身も学びの行程を確認し，何度も整理したり分析した
りすることができ，様々な資質・能力を引き出します。

Column6

保護者にもわかりやすい通知表 DX

　ICT による授業改善，生活改善，評価改善は進んでいますが，それと乖離
しているのが「通知表」の改善ではないでしょうか。学期末の通知表は昭和
の時代から残る学校遺産と言えます。DX の視点で改善したいものです。

〈デジタル形式〉

　長年，紙で渡されてきた通知表も，学校長のデジタル署名を付した PDF
などで配信することも考えられます。そうすることで紛失の恐れもなくなり，
保護者も子どももいつでも確認できるものとなり，常に課題意識をもてるで
しょう。

〈通知表とポートフォリオのすみ分け〉

　特に小学校では通知表の所見が増えすぎています。中学年では，一般所見，
総合的な学習の時間，外国語活動，特別の教科道徳の評価が所見となってい
ます。これらはあくまでも指導要録に準拠したものですが，それを同じよう
に保護者に「通知」しようとするから，保護者向け文章が難しくなるのです。
通知表はあくまでも「評価の通知」ですから，総合，外国語，道徳の評価は
デジタルポートフォリオで行い，それを保護者に定期的に見てもらうように
するべきです。

〈データリンクの発行〉

　それまでの形成的評価のデータ（テスト等の点数）や総括的評価の結果
（ルーブリックによるパフォーマンス評価の結果）などをリンクしておくと
子どものエビデンスとして明確になります。QR コードなどを利用し保護者
も確認できるようにします。

〈通知表配付の時期〉

　現状は，学期末ですが，先生がいちばん時間をつくりやすいのが夏と冬の
長期休業です。ここで通知表作成を行い，休み明けに配信するのはどうでしょ
う。3 学期の最後は「修了証」のデジタル発行でよいのではないでしょう
か。最後に悪い成績をもらっても……，と思うのです。

ICT を活用して
校務を DX 化！

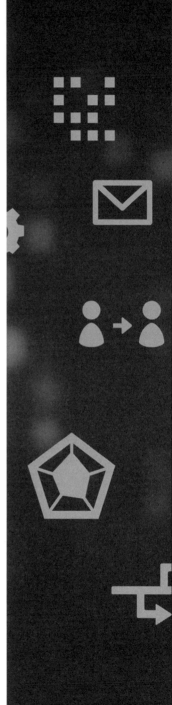

7

章

学校配付のお便り，
そろそろデジタル化しませんか？

> 学校からの "紙" のお手紙……，本当に保護者に届いているでしょうか？
> 子どもたちが持ち帰る "紙" の量，気にしていますか？

 ## "紙" が招くトラブル

　毎日，当たり前のように "紙" のお便りを学校では配付します。1年生で入学して最初に「教えてもらう」のは，配布物を「お便りファイル」にしまうことではないでしょうか。「学校だより」「学年だより」「学級通信」「時間割」「保健だより」「給食だより」，他にも行事のお知らせや，各種ちらし……，そこに，宿題プリントも加わるので，多い日は10枚以上のプリントを家に持ち帰ることになります。これが毎日です。ちょっと油断するとランドセルの中でぐしゃぐしゃになったり，紛失したりすることも，子どもならあるでしょう。「プリントを渡していない」「見てもらっているのか？」など，余計なトラブルも。そもそも，これらのプリントは確実に保護者に渡り，読んでもらっているのでしょうか？　共働き世帯が多い現代社会では，いつでもどこでもお便りを確認できるようにデジタル化したほうがはるかに効率的で効果的です。

 ## 学校ホームページを活用してお便りを「公開」

　すでに取り組んでいる学校も多いかと思いますが，紙と併用している学校も少なくないのではないでしょうか。お便りは，すっぱりとデジタルシフトすることをおすすめします。紙があると，どうしてもホームページへのアップロードが後手に回り，デジタル公開がうまく機能しません。大切なことは，紙を潔く廃止し，そのかわり，遅れることなく，滞りなく公開をすることで

す。この滞りや配信ミスなどが続くと，保護者の信頼を失います。情報が早く伝わり便利であることを実感させるようにしましょう。

学級通信等は個人情報が含まれるので「鍵付き」のページにアップロードするようにします。そう考えると，紙は個人情報の保護が曖昧と言えます。

 ## 緊急時はメール配信

デジタル配信には「かさばらない」ことの他に「スピード」というよさがあります。例えば，感染症の流行で学級閉鎖をする場合，子どもに紙で配布すると，保護者の手元に届くのは子どもの帰宅後の夕方でしょう。働いている保護者の場合は，もっと

遅い時間になるでしょう。しかし，ホームページに掲載したリンクをメール配信することで，保護者にもすぐに情報が届き，閉鎖期間の予定を確認することができるはずです。

「紙配付が一番確実で平等」という声も上がるのですが，そう思い込んでいるのは教員だけです。

これで簡単！　ワンポイントアドバイス！

お便り類は全て「PDF化」することで，簡単に学校ホームページに掲載したり，メールで配信したりすることができます。カラー，写真，動画などの表現やリンクなどを埋め込むことも可能ですが，個人情報等の遵守も必要です。

学校行事の反省は
アンケート機能で

　学校では必ず校務運営の反省をその都度，集約します。そのほとんどが紙で配られる様式に書き込んで提出です。もうそろそろ止めませんか。

 ## 前年度踏襲文化

　学校がなかなか変わらない原因の一つが，「前年度踏襲」です。行事のたびに当たり前のように "紙" の反省用紙がまわり，「前日までの動きについて」「当日の動きについて」「子どもの育ちについて」「その他」とお決まりの項目が並びます。これを受け先生たちは，締め切り間際に，何となくその場で思いついたことを記入します。全体の動きよりも，自分自身が大変だったことを，なかば愚痴をこぼすように，運営側を批判するように書き込むこともあります。そして，運営側はその少数意見を取りあげ，改善策を1時間も話し合って，見解をあげ，最終的には管理職側で，別の改善策が出される……，こんな不毛な会議を繰り返すのは，学校現場だけではないでしょうか？　そもそも，毎年，同じことを繰り返す「学校行事」に，このような「反省」は必要なのでしょうか？

 ## 校務支援系ソフトのアンケート機能活用

　読者の皆様の職員室には，校務支援系のソフトウェアが導入されていることがあります。導入されていれば，そこには必ず「アンケート機能」があるはずです。この機能を効果的に使っているでしょうか？　もし，まだ紙で配付，書き込まれたものを，担当が改めて打ち込んでいるのであれば，すぐに「デジタル」に代替するべきです。校務支援系ソフトウェアがなくても，Excel や Google スプレッドシートなどの共同編集機能を活用すれば，意見収

集の作業効率はかなり向上します。

　そして，デジタルでは，すぐに「グラフ化」や「テキストマイニング」することが可能です。

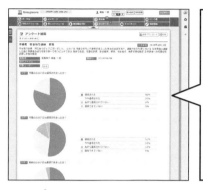

校務支援ソフトでは簡単に設問を設定することができます。回答方式も「記述回答」か「選択式回答」を選ぶことが可能です。回答はすぐにグラフ化，集約されるので，一目で教育活動の成果と課題を確認することができます。

〈School Engine〉

 ## 数値化でわかりやすく

　書き込まれた個々のコメントに一喜一憂するのではなく，全員が客観的に「学校行事」を振り返ることが大切です。そして，行事の運営や体制よりも，子どもたちにどのような力を育てたいのかを明確にすることです。それが達成できていたかどうかを5段階で評価するなどしグラフ化して，その上で，原因をさぐり改善策を立てます。こうすることで「よいものは継続」「評価が低い部分は改善」ということになり，無駄な話し合いを回避できます。

これで簡単！　ワンポイントアドバイス！

　学校行事の反省は，「デジタル化」「数値化」で，客観的に結果を分析することが大切です。感覚的に話し合い，その場の思いつきの意見に左右され，無駄な時間を費やすことは避けましょう！

子どもの出欠連絡はフォームで送信！

> 　毎朝，欠席の連絡に大忙し。勤務時間外の対応も当たり前です。限られた
> 電話回線……，もちろん親だって忙しい朝……。ICT で解決しましょう！

 朝の時間を有意義に

　全国の勤務時間には多少のズレはあると思いますが，「8：00から16：30」
までや「8：15から16：45」までが多いのではないでしょうか。私の所属する
自治体では，8：15から勤務開始で，子どもは8：30には登校完了し，8：
45から1時間目がスタートします。実際には先生たちは8：00前には出勤し，
欠席の連絡も勤務時間前から受け付けています。朝は，その日一日の時間割
を確認したり，学校行事を確認したり，忙しい先生たち。そこに欠席連絡が
入ってくると，保護者から事情を聞いたり，病状を確認したり……。教室に
行っている先生は，放送で呼び出されます。結果として，先生たちの出勤時
間は早まり，時間外労働が増えている現状があります。もちろん保護者にも
同じことが言えます。朝は朝食をつくったりお弁当をつくったり，子どもを
送り出したりと忙しい中，学校に欠席の連絡をする，担任が出るまで待つ，
欠席理由を伝える，担任の質問に答えるなど，貴重な時間を使います。メー
ル機能はもう20年も前からあるので，電話以外の伝達手段はずっとあったは
ずですが……。

 学校ホームページから Google Forms を活用

　「重要な連絡は相手が確認できたかわからないメールよりも，電話で確実
に伝えたほうがよい」というマナーが，メールの普及当初に広まったことも
あり，メールによる「欠席連絡」はなかなか認知されませんでした。しかし，

「働き方改革」もあり，教員の勤務時間を守る動きや学校 DX の動きが支持されるようになっています。

まずは Google Forms で質問を作成します。

質問内容はシンプルです。「学年」「学級」「名前」「欠席する日にち」「欠席・遅刻・早退」の選択，「理由」を入力してもらいます。あとは送信です。回答データは Google スプレッドシートで時系列に並びます。Google アカウントがあれば各教室で確認ができます。保護者も前日や早朝に入力することが可能です。また記録が残ることで，伝え忘れや内容違いなどのミスもなくなります。

個人情報の取り扱いに注意！

欠席連絡の中には，「不登校」の子どもなどもいるでしょう。理由はもちろん個人情報です。教室等で確認する際には，十分な配慮が必要です。各自治体のセキュリティポリシーを確認して，運用することをおすすめします。

これで簡単！ ワンポイントアドバイス！

> 子どもの出欠連絡がデジタル化されることで，朝の時間が有意義になります。しかし，声を届ける，声を聞く電話も必要です。放課後に，欠席した子には一本電話をしてあげましょう。

学級の出欠・連絡状況を
リアルタイム共有！

> 　毎朝，職員室から教室の先生へ欠席の連絡，教室から職員室へ確認に戻る
> 先生たち……。共同編集で解決しましょう！

朝の大切な時間を効率化

　教室で迎える朝の時間は「15分」です。その間に，子どもの出欠の確認，健康状態の確認，配付物の確認，提出物の回収，予定の確認，連絡事項などを終わらせなければいけません。欠席の連絡がなく，教室に子どもがいなければ担任は職員室まで連絡がきていないか確認をしに行かなければなりません。また，子どもの健康観察カードを保健室に届ける必要もあります。教室によっては係の子どもが届けることもありますが，そうするとカードに個人情報的なことが記入できません。子どもの個人情報的な健康情報があれば，担任が保健室まで連絡しに行くことになります。そうなると教室を離れることになります。これを15分で行わなければならないのです。当然，間に合わなければ１時間目の時間に食い込んでしまう……，そんな毎朝を過ごす先生たちです。これ，どうにかしたいですよね。

１人１台端末を活用して，共同編集により確認

　GIGA スクール構想によって，１人１台端末で使えるクラウドへのアカウントが先生にも付与されたことでしょう。そこで Google スプレッドシートなどの表計算ソフトで，各学級の名簿を作成します。そこに日付を入れて，月ごとに作成をします。入力は，「欠席」や「遅刻」など決まったものですからリスト表示にします。１日の入力列は２列にし，１列目に「その日の状況」，２列目に「理由・内容」を選択できるようにします（シート１）。ここ

でのポイントは１列目と２列目のプルダウンを連動させることです。

　シート２に１列目（Ａ）と連動して２列目（Ｂ～）に入るリストを作成します。シート１の入力セルに，プルダウンを挿入し，シート２の１列目の範囲を指定します。

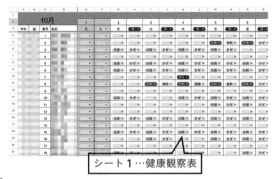

シート２
…リスト作成

　シート２の２列目の選択肢の１行目を「名前付き範囲を定義」で指定し，１列目の名前を入力します。シート２の任意の場所に「INDIRECT 関数」を入力し，最初のセルを指定します。そうすることで，シート１でプルダウンを選択すると２列目の項目が呼び出されます。

　シート１の２列目にプルダウンを挿入し，「名前付き範囲を定義」した範囲を指定すれば完成です。

シート１…健康観察表

 ## シートで情報を共有

　全職員が共有できるので，出欠の連絡はもちろんのこと，体調の状況も共有できます。さらに電話などの状況もコメント機能でやり取りが可能です。これであれば担任が教室を空ける必要がありません。メモをもって教室を回る必要もなくなります。

Ｋ 養護教諭の話…

　全職員が共有することで毎朝すぐに全教室の出欠状況や体調の状態を把握することができます。欠席が続いている子などもいち早く察知して，他の先生と共有して素早く対策を講じることができます。

ケガの状況を保護者に カメラで説明!

体調が悪くなったり,ケガをしたりした子どもたちの状況を,保護者に伝えるとき,カメラがあれば便利だと思いませんか。

 保健の先生はお医者さんじゃありません!

　保健室の養護教諭は,ご存知のように「医者」でもなければ,看護師でもありません。したがって,養護教諭は,医薬品をあげたり,診断を行ったりなどの医療行為はできません。しかしながら,子どもも保護者も(あるいは先生も)保健室を「診療所」のように認識している場合も少なくありません。養護教諭ができるのは,傷や打撲の手当や,貧血や発熱などの体調不良を起こした子どもを休息させるなどの,簡単な応急処置です。大きな傷や腫れ,体調の回復が見込めない場合は,養護教諭は管理職や保護者と相談し,迎えにきてもらったり,病院へ連れて行ったりすることになります。

 保護者と相談と言っても……

　さて,「保護者と相談」と言っても38℃以上の熱があるような場合や出血があるような場合はすぐに保護者に迎えにきてもらえますが,実際には「微熱程度」や「たんこぶ」「顔に切り傷」など,判断が難しい状況もあります。実際に保護者に相談しても,「電話じゃわからないので,そちらで判断してもらえますか?」「学校としてはどう思いますか?」と問い返されたりもします。しかし,上述したように,養護教諭は「診断」はできません。電話だけでは判断ができない保護者の気持ちもわかります。仕事を休んで,迎えにきたら,「この程度の傷か……」と内心思っている保護者もいます。

カメラを活用した相談

　ケガの場合，学校側の１人１台端末のカメラで撮影し，保護者の登録メール宛に画像を添付します。ケガの程度は保護者によって感覚が違うので画像で共有したほうが保護者も判断しやすいはずです。さらに，体調が悪い場合，特に熱がない場合は電話だけでは判断が難しいです。Google Meet や Zoom などの Web 会議サービスアプリを活用すれば，カメラを通して動画で保護者と相談することが可能です。保護者も，子どもと直接話すことで「これは迎えに行ったほうがよいな」「いつもの弱気だな」などと判断することができます。

①ケガ，体調不良発生
②保護者に連絡
③画像転送の確認
　　または Web 会議
④保護者の判断
⑤お迎え or 様子見

　ただし，注意も必要です。それは，画像が個人情報となることです。保護者に画像を送る確認が必要であることと，学校用配備の ICT 端末を活用します。間違っても私用のスマホでの活用はしないようにしましょう。便利な半面，このようなマナーやデリカシーも，デジタル活用では大切になってきます。

K 養護教諭の話…

　養護教諭は診断ができません。最終的には管理職や保護者との相談の上で判断をすることもあります。そう考えると，的確に状況を伝えられるカメラの活用はトラブルも減りそうです。

クラウド活用で教材資料の共有をしよう！

　自分が作成した教材は学年の先生に共有し，お互いに，学年の他の先生が作成した教材を活用することで授業準備が効率的になります。

 ## 便利なクラウドストレージ

　GIGA スクール構想によって整備されたのは「1人1台端末」だけではありません。「1人1アカウント」の配付で，誰もが通信ネットワークにアクセスできるようになったことは画期的です。通信ネットワークに接続することで，全員で共有できる「クラウドストレージ」を活用することができるようになりました。しかし，この概念がまだ難しい先生もいるようです。自分の PC の中にデータを保存する（ハードディスク）ことをようやく概念化できた学校現場です。目に見えない，壊れることのない，実態のない「クラウド」ですが，インターネットを通じて，高速回線で，データセンターと呼ばれる別の場所に保存されていることを理解すると安心するようです。そのようなクラウドストレージにみんなで保存し，みんなで活用する……，場所もとらない，劣化しないのがデジタルのよさです。

 ## 保存場所の確認

　Google アカウントであれば，クラウド上に自分自身のクラウドストレージが利用できるようになります。その中に，「共有ドライブ」が割り当てられ，通常は自身の学校のフォルダがそこにできているはずです。共有ドライブは，教員同士で共有が可能です。むやみに保存するとすぐにファイルでぐちゃぐちゃになってしまいます。フォルダ内に学年や教科ごとのフォルダを作成・整理することで，効率的に共有することができます。

様々な共有グループ

　校内でのネットワークでは，NAS（ネットワーク HDD）を接続することでファイル共有が可能です。しかし，インターネットを介せば「自治体」や「全国」の関係者とも共有が可能になります。

Ｅポータル「まなびポケット」では自治体で共有するグループを作成できます。

授業支援アプリ「スクールタクト」内の「課題テンプレート」では全国の先生が登録したファイルを共有できます。

　共有したファイルはコピーして，自分なりにアレンジして使います。こうすれば学年内で，例えば得意の教科ごとに分けてファイルを共有したり，授業展開が思いつかなくても，全国の共有ファイルをダウンロードしたりして，自分なりの授業展開に合わせたファイルを作成することができます。もちろん，自分自身がオリジナルで作成したファイルはアップロードして，他の学校や全国の先生たちに使ってもらうことも可能です。全国の小学校には40万人以上の教員がいます。つながらない手はありません。

これで簡単！　ワンポイントアドバイス！

> 　いまや学校内の先生たちだけではなく，自治体や全国の先生たちと共有することが可能です。この概念をもつことで，授業の効率化が進み，働き方改革につながります。

ビジネスチャットで情報共有しよう！

> ビジネス用途のチャットツールを用いることで，先生同士の情報交流が円滑になります。

 ## ビジネスチャットとは

　チャットとは，リアルタイムでテキストでの会話ができるコミュニケーションを示します。チャットを行うには，LINEやMessengerなどのチャットツールを利用します。先生たちもプライベートでは，メールのやり取りよりも，チャットでのやり取りのほうが一般的でしょう。このチャットツールをビジネス用途で使おうというのが「ビジネスチャット」と呼ばれるもので，代表的なものに「Slack」「Microsoft Teams」「Chatwork」「LINE WORKS」などがあります。すでに民間会社などでは当たり前に使っているツールで，1対1のコミュニケーションよりも，グループでのコミュニケーションに特化しているのが特徴です。コロナ禍で在宅ワークが推奨された際に，利用した学校現場もあるようですが，学校現場では，個人のスマホの活用が必要となるために普及しにくい面もあります。ただ，時差出勤などの労働時間のフレックス化は進んでいます。全員が時間を合わせようとするのは非効率的です。

 ## ビジネスチャットツール × 働き方改革

　ビジネスチャットの活用は，迅速かつ効果的なコミュニケーションを行うことができ，働き方改革につながります。具体的には以下のようなメリットがあります。

〈リアルタイムの情報共有〉

　学校では，不審者情報や悪天候など緊急で学級指導を要するときは，放送

で先生たちを集めて説明するか，管理職が全学級を回って説明するのが一般的です。また，退勤後に発生する緊急連絡もいまだに電話が多いのが現状です。しかし，チャットツールを活用すれば即座に伝えることができ，失念や連絡ミスを防ぐことができます。

〈どこにいても情報共有〉

例えば，修学旅行などで学校から離れている教職員と場所を問わずに連絡することが可能です。写真等を添付することもできるので現地の状況を学校ホームページで速やかに公開することができます。

〈グループチャットでの情報共有〉

複数のメンバーでグループを作成することが可能なので，学年や校務分掌でのやりとりも円滑にできます。学校はこのようにチームで動くことが多く，意見交換などをチャット上で事前に済ませておくことで当日の合意形成を効率的に行うことができます。

〈情報のアーカイブ〉

チャットに記録が残るので，あとで内容を確認することが可能です。議論に参加できなかった職員も確認することが容易です。

この他，ビデオ通話や音声通話も可能で

〈Slack によるチャット〉

す。ビジネスチャットアプリによって，他のアプリと連動することも可能です。例えば Slack は Canvas を連携すると，特定の議論の場をタイムラインとは別に設定できます。

これで簡単！ ワンポイントアドバイス！

便利なビジネスチャットも，活用にはマナーやデリカシーが必要です。勤務時間やプライベートの境界がなくなりがちです。組織でルールをつくることも必要です。

個人懇談は Web 会議サービスで

各学校では年に1〜2度「個人懇談」を実施します。35人の日程調整は大変ではありませんか？

 効率が悪い個人懇談

　各学校で行われる「個人懇談」とは，子どもたちの保護者と1対1で子どもについて対話をする行事です。1人あたり15分を35人分行います。これを一週間で行おうとすると35人÷5なので一日7人です。つまり15分×7人ですから，1時間45分の時間が必要になります。放課後には先生の45分の休憩時間が設定されていますので，3時半に子どもを帰すとなると，通常の放課後では不可能なことがわかります。したがって，多くの学校では午後の授業をカットして午前授業で実施します。これによって，高学年では午後の授業8時間分が欠時となります。実際には保護者の希望する時間帯もあったり，兄弟関係の調整があったり，途中に時間調整を入れたりで，勤務時間を超えてしまうこともあります。そして，この15分のために保護者は仕事を休んでやってくるのです。

 Web 会議サービス × 働き方改革

　個人懇談をあらためて検証すると，どれだけ非効率的かが見えてくるのではないでしょうか。昭和の時代はこれでよかったかもしれませんが，今は令和です。このように，学校現場は昭和の方式が今なお残っているというのが問題です。「対面のよさ」を主張する先生もいるでしょうが，今の時代，Web 会議サービスを使えばそれは解決できます。

〈Web 会議サービス〉

インターネットを介して行う情報通信です。クラウド上にある「Web 会議アプリ」を使って通信を行います。Web 会議アプリには「Zoom」「Google Meet」「Microsoft Teams」などがあります。

●メリット

インターネットさえつながれば，場所を選びません。PC がなくてもスマホに専用アプリをインストールすればどこでも懇談可能です。ヘッドホンやイヤホンを活用すれば周囲にも配慮できます。

担任はあらかじめ子どもの資料や見せたい画像や動画を準備しておけば，「画面共有」で提示可能です。

また，コメント機能の活用ができます。実際に話すことをコメント機能で補足することも可能で，より確実に話す内容が伝わります。

〈Zoom による懇談〉

●デメリット

回線トラブルなどで時間がロスすることもあります。

成績などを取り扱うときは個人情報に配慮する必要があります。

その他，録画される，録音されるなどマイナス側面も考えればありますが，それは日常的にスマホを持ち歩く現代ですから，Web 会議サービスに限ったことではありません。それよりも，効率的に懇談を行うことで子どもたちの大切な学習時間や保護者の時間，教員の日程表作成など，全体的にかなり効率化できる利点が大きいはずです。

これで簡単！　ワンポイントアドバイス！

> いきなり全員「Web 会議サービスで懇談します！」では軋轢が生まれます。まずは「希望者限定」として，日程表に「Web」などと表し，徐々に広めていき，市民権を得ることが大切です。

家庭訪問は地図アプリで確認を！

> 家庭訪問を廃止した学校も多いと聞きますが，子どもが住んでいる場所を把握しておくことは大切です。

 家庭訪問は時間がかかる！

多くの自治体では家庭訪問が廃止されているそうです。理由は，働き方改革の中での「業務精選」です。子どもたちの行事ではない家庭訪問は精選の対象になりやすかったと言えます。子どもの家庭を徒歩や自転車で回るには，かなりの時間を要します。方面と保護者の都合を配慮しながらスケジュールを立てるのは至難の業でした。各家庭では10分程度の面談です。この10分のために相当の時間と子どもの授業時間を削るのは非効率的と言わざるを得ません。10分の家庭訪問のために仕事を休み，部屋を掃除して，お茶菓子を準備するのは保護者の負担も大きく，保護者側も家庭訪問廃止には異論がないようです。ただ，家庭訪問が全く必要ないとは思いません。住んでいる地域，通学路，家庭環境を知ることは，担任にとっては児童理解のために必要な情報でした。さすがにICTを使っても家の中に上がることはできませんが，そもそもこのご時世，保護者は担任と言えども家の中に通すことには否定的かもしれません。一方で，子どもがどの道を通って登下校しているか，家はどこかを確認しておくことは緊急時のため，担任として必要な情報です。訪問しなくてもできる家庭訪問をICTを活用して実践してみましょう。

 地図アプリを使って家と通学路を確認

代表的な地図アプリとして「Google Maps」の活用を提案します。

〈子どもの住所を検索〉

　子どもの住所を検索し，地図上に保存します。地図の種類は航空写真を選択します。地球表示にすると，地域によっては「3D」表示が可能になるのでわかりやすく表示できます。

〈ストリートビュー〉

　サイドパネルのストリートビューをクリックすると，保存した住所の周辺360°の景色画像を確認できます。

〈ルート検索〉

　サイドパネルの「ルート検索（徒歩）」を選択して，出発地点を入力するとルートが出ます。ルートの横にある写真をクリックすると，ストリートビューモードになるので，子どもの通学路を確認することができます。矢印を進めていくことで子どもの歩く道のりをおおよそ把握することができます。

 個人情報流出や撮影年度に注意！

　子どもの家をマッピングしたポイントは個人情報なので，取り扱いには十分注意しましょう。Google マイマップ機能を使えば子どもたちの住所を登録できるので緊急時に便利です。しかし知らないうちに他人と共有になっていないか気をつける必要があります。また画像の撮影年度は最新のものではありません。画像下の撮影年月日を確認しましょう。

これで簡単！　ワンポイントアドバイス！

　休み時間などを使って子どもといっしょに確認すると，細かい部分も聞くことができたり，別の道を確認したりすることができます。また何気なく，コミュニケーションを深めることができますね。

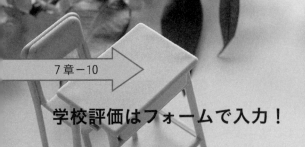

学校評価はフォームで入力！

> 学校職員，子ども，保護者に取り組んでもらう学校評価は，Google Forms を使えば驚くほど効率的です。

 ## 学校評価は PDCA サイクルの要

　現行学習指導要領の重点の1つにカリキュラム・マネジメントがあります。学校の教育課程を地域や子どもの実情に合わせて学校主体で編成していくことであり，そこには3つの側面があります。

　①教科を横断して広い視点をもって授業づくりをすること

　② PDCA サイクルで評価し教育の効果を常に検証すること

　③教育資源（人・物・お金・時間・情報など）を効果的に活用すること

　この3つの側面のうちの②は，各学校における中間期と，年度末に教職員や子ども，保護者により行われる学校評価です。あらかじめ決められた評価規準で，四件法による選択で評価するのが一般的です。学校評価は PDCA サイクルの「C：チェック」の部分です。素早く評価を分析し，課題を焦点化し，次の「A：Action（改善策）」を提示しなければなりません。しかし，これまでは，この学校評価を紙で行っていたので，集計も全て手作業で担任が行っていました。「正」の字を書いて学級の子どもや保護者の数を計算し，自由記述は手入力します。それを，教務主任が全学級分集計するという作業です。いかがでしょう。非効率的だと感じませんか？　この作業は Google Forms を使えば一瞬で終わります。

 ## Google Forms を使った学校評価

　Google Forms で質問を作成します。以下，例を挙げます。

【学年】，【組】を選択，【名前】を入力する質問を設定します。こうすることで，項目ごとに分類が可能になります。【教職員】【保護者】【子ども】によって，設問文が違うので，それぞれのフォームをつくることをおすすめします。

　評価項目に対する質問を入力します。四件法の場合はラジオボタンの設定で４つの選択肢を設定します。「そう思う」「ややそう思う」「あまり思わない」「そう思わない」等を入力します。

　自由記述などを設定する場合は「記述式」（短文回答），「段落」（長文回答）を選択します。

　回答の編集の許可や，回答回数の制限などを設定します。

　「送信」をクリックし，URL リンクをコピーして，子どもには Google Classroom で，保護者には学校ホームページなどに貼り付けたり，学校メールで URL を送信したりすることで，手間なく取り組んでもらうことができます。

　スプレッドシートで回答を収集し，分析を行います。グラフ化したデータは，そのまま保護者への説明に活用できます。学校評価は大切な教育活動です。保護者との感覚のズレや，子どもの意識との乖離を見つけ，教育活動を改善していくために効率的で効果的な評価に取り組みましょう。

これで簡単！　ワンポイントアドバイス！

　Google Forms を活用することで，集計は飛躍的に速く，容易になります。同時に回収率も上がり，精度の高い評価が可能になります。そのため分析は的確にわかりやすく，素早く公開したいものです。

Column7

働き方改革と GIGA スクール構想

　学校における働き方改革は2019年1月の文科大臣からの「学校における働き方改革の実現」というメッセージにより，各自治体，各学校で取り組みが本格化しました。特に教員の長時間労働の改善が求められました。同年12月には「GIGA スクール構想」が打ち出され，学校現場には1人1台端末が配備されることになります。翌年からのコロナ禍によって，学校現場にオンライン授業などの ICT を活用した教育が瞬く間に広がりました。この新しい教育観を維持していくことが「働き方改革」の視点で重要です。

〈教材作成の共有〉

　これまで手作りで作成していたアナログの教材は，デジタルに移行しています。全国の利用者とつながり，作成したワークシートやスライド資料などを共有することが可能になりました。また，指導案や板書例などもインターネットで検索し，活用できるようになりました。

〈オンライン授業やオンデマンド学習〉

　オンライン授業が可能になったことで休校などの閉鎖時も授業を行うことが可能になりました。また，授業動画を保存しておくことでオンデマンド学習も可能となり，不登校児童などへの対応も可能になりました。

〈オンライン会議〉

　それまで対面で行われてきた学校研究もオンラインの形で実施し，全国誰でも参加することが可能となり，移動に費やす時間やコストを節約できるようになりました。

〈事務作業のデジタル化〉

　出席簿をはじめ，様々な学校事務がデジタル化され，効率化されています。

〈チャット等を活用した連絡体制〉

　教員同士の連絡もスマホなどを使い，簡単にとれるようになりました。

　このような ICT 活用を積極的に進めていき，労働時間を効率化させていく視点こそが，学校 DX につながると言えます。

こんな便利なもの
使わない手はない！
生成 AI 活用法

8

章

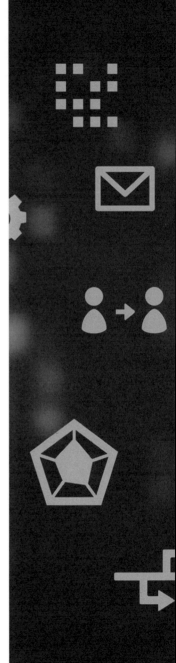

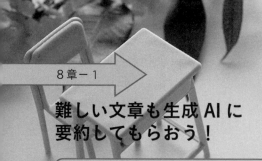

難しい文章も生成 AI に
要約してもらおう！

> 新聞記事など，子どもにとって難しい文章があります。そんなときは生成
> AI に要約してもらうことで要点が絞れます。

 ChatGPT で文章要約

生成 AI は与えられた文章から文脈を理解して，重要な部分を抽出し簡潔に要約文を作成することができます。単純に重要語句を切り取ってつなげるだけでなく，自然言語処理技術によって，文脈を理解した文章化がされるので，適切な内容になります。自然言語処理技術とは，人間同士がコミュニケーションに使う言葉で，話し言葉や書き言葉など膨大な言葉を AI が学習し，文章の意味（文脈）を理解することを言います。さらに生成 AI は，「あなたは小学校の先生です」といったロール（役割・権限）を与え，プロンプト（指示）を与えることで，より専門的でわかりやすく要約をすることが可能です。さらには「400字程度でまとめてください」「小学校 5 年生でもわかる内容で」などの条件設定をしたプロンプトを与えるとより効果的です。

■次の文章を小学校低学年でもわかるように50文字で要約してください。

人間の活動によって，大量の温室効果ガスが大気中に放出され，地球の気温が上昇し続け，気候や生物など自然界のバランスを崩している現象を「地球温暖化」という。

→生成 AI の答え：人間のすることで，ガスがでる。それが原因で地球があったかくなって，自然がちょっとめちゃくちゃになっているんだよ。

ただし ChatGPT は対象年齢18歳以上もしくは保護者の承認を得た13歳以上というガイドラインがあるので，注意が必要です。

新聞記事データベースから記事を抽出し要約

　右は北海道新聞社の総合デジタル教材「どうしん　まな bell」です。新聞記事は社会の多様な話題を正確に知ることができ，情報源としても信頼性が高いものです。しかし，昨今は新聞離れが進み，新聞紙が身近ではない状況があります。確かに新聞記事は小学生などは読解が難しい部分もありますが，これらも「ChatGPT」を活用して要約したり，ふりがなをつけたりすることで教材として活用することが可能です。データベースで記事を検索し，テキストを ChatGPT にコピーして活用します。記事を要約して生徒

に開示する場合，出典のほか，原文を加工した事実を明示するために「北海道新聞の記事を要約しています」などと口頭で伝えるか，データに明記するようにします。

〈おすすめプロンプト〉

■**あなたは小学校のベテラン教師です。**

■**小学校の授業で活用するわかりやすい教材文を作成するのが目的です。**

■**100文字程度に要約して，ふりがなをつけてください。**

これで簡単！　ワンポイントアドバイス！

　ChatGPT などの生成 AI を活用することで，小学生でも理解できる情報が増えます。こんなに便利な機能を使わない手はありません。使用しなければ，それこそ大きな差が出てしまいます。

チームで話し合い！
生成 AI にも聞いてみよう！

> 生成 AI もクラスメートと考えるのはどうでしょう？　仲間同士では出て
> こない視点が見えてくるかもしれません。

 ## 生成 AI を正しく活用する

　文科省が令和 5 年 7 月に発行した「初等中等教育段階における生成 AI の
利用に関する暫定的なガイドライン」では生成 AI 活用の適否がまとめられ
ています。これは飛躍的なスピードで進展する ICT 技術において生成 AI も
また驚くべき進歩を遂げていることから，教育現場での AI 活用に関するメ
リットとデメリットが未だ懐疑的であるからです。このガイドラインでは次
のようにまとめられています。

〈適切でない事例〉

- 子どもが自由につかう（基本，小学生は利用不可，未成年は保護者同
  意）
- 生成 AI の生成物をそのまま自分の成果物とすること
- 考える前に，最初から利用すること

〈活用が考えられる事例〉

- 生成 AI の誤りを見つける情報モラル教育
- 生成 AI をテーマにした議論
- グループの考えをまとめる中で，足りない視点を見出す
- 英会話の相手　・文章の推敲　・高度なプログラミング
- パフォーマンステストとしての活用

　ガイドラインは今後，「機動的に改訂（何か起きたらすぐに）」されていく
ということですので注視が必要です。

ChatGPT で足りない視点を見つける

　例えば，明治新政府の政治方針を評価するといった議論を子どもたちが協働的にするとします。評価観点は「五箇条の御誓文」です。いわばこの政府のマニフェストを評価の視点として次の政策を点数化します。

・殖産興業→90点〜工業を発展させ
　ることは大事だけどお金もかかっ
　た
・廃藩置県→100点〜これまでの大
　名の支配よりよくなったのでは
・地租改正→60点〜現金になるのは
　よいが，税を払うのは厳しくなっ
　た
・徴兵令→70点〜軍隊ができて国は
　強くなるけど，嫌な人もいるよ

〈子どもたちの考え〉

あなた
小学校6年生のレベルです。産業興業、廃藩置県、地租改正、徴兵令で明治の改革に貢献した度合いを100点満点で表して、その理由も教えてください。

ChatGPT
もちろんです。小学校6年生のレベルで明治時代の改革について説明し、それぞれの改革がどれくらい貢献したかを100点満点で評価しましょう。

1. 殖産興業（Industrialization and Modernization）：90点
・ 殖産興業は、明治時代に日本を近代化させる大事なステップでした。工場や鉄道などの新しい産業が育てられ、日本は西洋の国々に追いつくことができました。貢献度は高いです。
2. 廃藩置県（Abolition of the Han System）：85点
・ 廃藩置県は、国を一つにまとめて中央政府を強化しました。これにより、国全体で統一的な法律や政策を作ることができ、発展に貢献しました。
3. 地租改正（Land Tax Reform）：70点
・ 地租改正は、農地の課税方法を変えました。これにより、政府は収入を増やし、近代的な事業を進める資金を得ました。しかし、一部の農民に負担が大きく、評価は高くありません。
4. 徴兵令（Conscription Law）：80点
・ 徴兵令は、国の安全を守るために若い人々を軍隊に入隊させました。国を守る大切な役割を果たしましたが、一部の人々には負担がありました。

〈【ChatGPT】の考え〉

　もちろん，これは知識を活用した，思考力，判断力，表現力等を育てる学習活動です。しかし，子どもたちだけでは視点が乏しいこともあるので右のように ChatGPT にも聞いてみます。すると，点数の根拠として，中央集権化の視点や収入増加の視点などが見えてきました。

　もちろん，生成 AI（ChatGPT）が話すこと全てが正しいことではありません。検証が必要です。

これで簡単！　ワンポイントアドバイス！

　ChatGPT の考えは「正解」ではありません。そもそも「考え」に正誤はないでしょう。ChatGPT もクラスメイトであるとして意見を聞き，仲間と同じように比較して，チームの考えをまとめるイメージです。

8章－3

生成 AI を相手に英会話を学ぼう！

> 生成 AI は，大量のデータからあたかも「その人物」になりきる役割をもって会話することが可能です！

 生成 AI はなりきるのが得意

生成 AI は膨大なデータを分析して，会話のパターンを自己学習します。生成 AI は，感情や理性をもった人口知能ではありません。しかし，日々インターネット上で増え続ける膨大なデータから，様々な役割演技をパターンとして実施できるのです。それだけ，膨大なデータを蓄積する技術，処理する速度が上がったということです。ここでは「なりきり」をさせて生成 AI と会話をしてみます。例えば，

■**織田信長になりきって次の質問に答えてください。本能寺の変で裏切ったのは誰だと思っていますか？**

と聞くと，次のように答えました。

→**生成 AI の答え**：本能寺の変において，裏切りの元凶は明智光秀であると考えている。光秀は私に仕えながらも，様々な複雑な事情から裏切りを起こし，本能寺で私を討とうとした。その行動は歴史において大きな転機となった出来事である。

もちろん，これは本物の織田信長の回答ではありませんが，生成 AI が織田信長の膨大な情報から，人格等を分析し，事実をもとに会話のように返答してくれるということです。

次は，この特徴を生かして，子どもたちに英会話を楽しんでもらいましょう。

138

ChatGPT で大谷選手にインタビュー

　例えば，メジャーリーガーの大谷選手にインタビューをしてみましょう。
す。日本語で質問し，英語で答えてもらいます。答えてくれた英文を翻訳
してみましょう。

ChatGPT 3.5 ∨

あなた
メジャーリーガーの大谷選手になりきって、以下の質問に小学校レベル
の英語で短文で答えてください。

ChatGPT
もちろんです！どの質問に答えましょうか？

あなた
好きな動物はなんですか

ChatGPT
I like dogs! They are loyal and fun to be around.

あなた
翻訳してください

ChatGPT
好きな動物は犬です！彼らは忠実で一緒にいるのが楽しいです。

□ ↻ ⍰

　質問を英文でしてみてもよいでしょう。生成 AI を活用する利点は「会話」
が可能ということです。翻訳サイトでも日本語を英語に，英語を日本語に翻
訳することが可能ですが，会話まではできません。発達段階に合わせて，
「小学校レベル」「短文」などの条件を伝えることで小学生でも簡単な英会話
ができます。もちろん，もっと高度なレベルでの会話も可能です。英語だけ
でなく，その他の言語でも会話をすることができます。

これで簡単！　ワンポイントアドバイス！

　生成 AI に有名人や偉人になりきってもらって好きな言語で会話をす
ることができます。生成 AI の種類によっては，実際に話して入力する
ことも，回答を英語で出力させることも可能です。

生成AIを使ってイラストを描こう！

学習のまとめで，ポスターや新聞を制作する際に，欲しいイラストを生成します。

生成AIはイラストが描ける

生成AIは膨大なデータを分析して，学習パターンを抽出し，新しいデータを生成することができます。イラストも同様に，膨大なイラストデータを学習して，モデルの種類，場所，イラストの色合い，雰囲気，タッチといった画風をパターン化し，新しいイラストを生成できるようになりました。イラストを生成するAIアプリはいまや様々ありますが，ここでは無料で活用できるMicrosoftのCopilotを使ってみます。

■将棋をして考え込むトイプードルをアニメ風に描いてください。

このプロンプトで生成AIは，将棋をする様子，考え込む様子，犬のトイプードル，アニメ風の画風を条件に，様々なイラストデータから条件を組み合わせて数秒で右のようなイラストを生成します。

ただし，目的のイラストを生成するには，詳細なプロンプトを作成する必要があります。また，右のイラストのように将棋を囲碁やチェスで認識してしまうこともありますので生成にはコツが必要です。

"将棋をして考え込むトイプードルをアニメ風に描いてください"
🎨デザイナー　Powered by DALL·E 3

社会科新聞でイラストを挿入する

　例えば，自動車組立工場の「溶接工程」のイラストを描かせるとしましょう。Copilot に次のようなプロンプトで指示します。

■**自動車組立工場の溶接工程のイラストを描いてください。**

　すると右のようなイラストを描いてくれました。しかし，これは事実とは異なっていますね。溶接と自動車が別々に描かれてしまっています。イラストを描かせるプロンプトは具体的にする必要があります。そこで，Copilot に次のように聞いてみます。

■**自動車組立工場の製造ラインの溶接工程のイラストを描くためのプロンプトの例を教えてください。**

　このように指示をすると，いくつかのプロンプトの例を挙げてくれます。そこから，次のようなプロンプトを入力してみます。

■**自動車工場の組み立てラインの溶接工程の正面からの全体像をイラストで描いてください。複数のロボットアームが自動車のボディを溶接していることや，溶接の火花が飛んでいることを表現してください。**

　いかがでしょう。これでかなり事実に近いイラストになりました。

これで簡単！　ワンポイントアドバイス！

　希望のイラストを生成するには，詳細で具体的なプロンプトを入力する必要があります。また生成 AI 作成のイラストは基本的に著作権フリーですが，作成サイトのガイドラインを確認しましょう。

校務でも生成 AI を活用！
学校からの連絡通知の参考に！

学校が発行するお便りはいろいろなものがありますが，中には生成 AI を活用できるものもあります！

 ## 校務の文章作成に積極的に生成 AI を活用しよう

　学校から発行されるお便りは多様です。学校だより，学年だより，学級通信，時間割，保健だより，給食だより，PTA だより，図書だより，安全・安心情報など，その数は多くあります。もちろん，どれも担当者が「思い」をもって作成していることと思いますが，ときには書く「ネタ」を探したり，正しく伝えるために正確な情報を調べたりする必要があり，意外と大変です。そこで生成 AI の活用です。「お便りの文章を PC に任せるなんて，教師として恥ずかしい……」と思っている先生もいるかもしれませんが，そもそもみなさん，インターネットで検索して情報を集めているわけですし，校務効率化のために昨年度のお便りをコピペしている先生も多いはずです。生成 AI を使うことは決して「卑しい」ことではありません。むしろ，リアルタイムで新鮮な文章を書こうとする先生の気概を後押しするものです。

 ## 文章の正確性は自分で調べる

　生成 AI が生成した文章をそのまま信じて使用してはいけません。その内容が正しいかどうかを判断するのは自分自身なので，間違ったことを言っていないか，しっかりと調べることが大切です。というのも，生成 AI は膨大な言語データを使って，それらしい回答を確率論でつくっています。だから，嘘をつく可能性もあるのです。

安全・安心情報の配付

　校区内で危険案件が発生したときには，学校からお便りを発行したり，メールを配信したりします。安全・安心情報ですから，スピードが勝負です。例えば，私自身の学校で実際にあったのが，「校区内に鹿が出没」した案件です。保護者には，下校時や放課後，翌日の登校の際に，鹿に気をつけることや通学路の見回りを要請する連絡をするのですが，「鹿」に遭遇したときどうすればよいのかも伝えたいところです。もちろん，そのような知識がない学校がほとんどですから，ここは ChatGPT に聞いてみます。

■**あなたは小学校の先生です。校区内に鹿が出没しました。子どもたちの登下校の安全を確保するために注意喚起するお便りの文章を考えてください。**

　すると，右のような文章を ChatGPT が生成してくれました。安全管理のポイントを「登下校時の注意喚起」「学校周辺の安全確保」「警戒心を持つ」といった３つの視点で作成しています。また鹿の特性も加味しながら文章を作成しており，説得力がある文章です。いかがでしょうか。少し手直しすれば十分配付可能ではありませんか？　もちろんこのお便りは数秒で完成しました。

> 【お知らせ】校区内での鹿の出没に関する注意喚起
>
> 親愛なる保護者の皆様へ，
>
> この度，校区内で鹿の出没が確認されましたことをお知らせいたします。子どもたちの登下校の安全を確保するため，以下の点についてご協力をお願い申し上げます。
>
> 1. **登下校時の注意喚起**：子どもたちには，登下校時に周囲をよく見渡し，鹿がいる場合は近づかないように注意するように伝えてください。特に，早朝や夕方には鹿が活動する可能性が高いので，その時間帯には特に注意が必要です。
> 2. **学校周辺の安全確保**：学校周辺の鹿の出没が多い場所や通り道には，関係機関に対して適切な対策を講じてもらうよう要請しています。また，学校の周囲にある柵や門をしっかり閉め，鹿の侵入を防ぐようにしてください。
> 3. **警戒心を持つ**：鹿は基本的に人間を避ける動物ですが，急な動きや騒音に驚くことがあります。登下校時には，鹿に近づかないよう，静かに行動するよう子どもたちに教えてください。
>
> このような状況下では，安全を最優先に考えて行動することが重要です。何か異常を発見した場合や，安全に関するご不明点がございましたら，直ちに学校までお知らせください。皆様のご理解とご協力を心よりお願い申し上げます。
>
> 安全を第一に，子どもたちの健やかな日々を共に守っていきましょう。
>
> 校長　〇〇小学校

これで簡単！　ワンポイントアドバイス！

　生成 AI に文章の「たたき台」を作成してもらうことは「卑しい」ことでありません。計算の際に「計算機」を使うことと何ら変わりはないのです。むしろ発行者の見識も広がります。

通知表所見にも生成 AI 活用！

子どもたちにとって大切な通知表だからこそ，生成 AI で適切な文章を探して，作成することが大切です。

 ## 教員が一番神経を使う仕事は通知表所見

私もそうでしたが，教員の数ある仕事の中で，通知表所見が最も神経を使う仕事でした。1 人書くのに，長い時だと 1 時間は考えることがあります。したがって一夜漬けでできる仕事ではありません。仮に一夜漬けで作成したとしても，それは適切な評価文とは言えないと思っています。ですから私は，一日 2 人と決めて，提出締切の 2 週間前からこつこつ毎日，書いていました。保護者向けの文章で，誤解のないように，正しい文法で，的確な言葉で書くことが求められ，何度もやり直しをさせられたこともあります。そうなると，どうしても文章がパターン化し，同じ言い回しになることも多々ありました。自分の語彙力を増やすことはそう簡単ではありません。そこで「生成 AI」の活用です。

 ## 生成 AI の活用は反則ではない，ただし丸写しはダメ！

生成 AI が生成した文章は，あくまでも「たたき台」です。これまで先生たちが「通知表所見特集」の雑誌を参考にしてきたことと何ら変わりません。ただ，丸写しではなく，その子の特性を考えながら，先生自身が何度も推敲して，正しい評価文を作成することが大切です。むしろ多様な文章表現を身につけることができるぐらいです。

子どもの特徴をキーワードで入力

　ここでは ChatGPT を活用します。ま
ず大前提として子どもの日常生活や学習
の様子をしっかり見取り，評価をします。
その上で，それぞれの子どもの特性をキ
ーワード化し，入力します。

　結果は右のようになりました。いかが
でしょう。結構完成度が高いのではない
でしょうか。もちろん，その子の評価だ
とわかるように具体的な記述に変えてい
く必要はありますが，ここまで文章化し
てくれると，そう時間はかからないはず
です。次に，評価規準，成績を入力し，
教科の評価文を作成してもらいます。結
果は右の文章です。これを参考に所見を
作成することも可能です。自分では使わ
ない文体も見られ，評価文の表現の幅が
広がることにもなります。語彙や表現が
増えることで子どもの評価を的確に表す
ことができます。しかし，あくまでも生成 AI は文章化の手助けで，評価
（キーワード抽出）は先生の仕事です。

> **あなた**
> 山田太郎くんの社会科の成績は，（知識・技能）A　（思考・判断・表現）B　（主体的に学習に取り組む態度）B　です。以下の評価規準と成績から評価文を作成してください。（評価規準）（知識・技能）

> **あなた**
> あなたは1年生の担任教師です。次のキーワードをもとに山田太郎くんの通知表の評価所見を150字程度で作成してください。・算数が得意　・よく発言する　・掃除当番に積極的　・運動は苦手　・自己中心的

> **ChatGPT**
> 山田太郎くんは算数が得意で，授業で積極的に発言し，クラスの活動に積極的に参加しています。特に掃除当番では責任感を持って取り組み，協力的な態度を示しています。一方で，運動が苦手であり，時に自己中心的な態度が見られます。山田くんには，運動面での自信をつけるための支援や，他者との協力や思いやりの重要性を理解する機会を提供することで，さらなる成長が期待されます。

> **ChatGPT**
> 山田太郎くんの社会科の成績評価は以下の通りです。
>
> 【知識・技能】
> 成績：A
> 評価文：山田くんは，米の生産に関する情報を地図や資料から集め，読み取り，米づくりに関わる人々の工夫や努力を理解しています。また，我が国の米づくりにおける生産性や品質の向上に努める人々の取り組みや，食料生産を支える仕組みについても理解しています。
>
> 【思考・判断・表現】
> 成績：B
> 評価文：山田くんは，米の生産における工程や人々の協力関係，技術の向上，輸送，価格や費用などについて問いを見出し，考え表現しています。さらに，米づくりの工夫や努力とその地域の自然条件や需要を関連付け，適切に表現しています。
>
> 【主体的に学習に取り組む態度】
> 成績：B
> 評価文：山田くんは，我が国の米の生産について予想や学習計画を立て，学習を振り返り，見直し，問題を追究し，解決しようとする姿勢が見られます。

これで簡単！　ワンポイントアドバイス！

　生成 AI に子どもの評価をキーワードで入力することで，通知表所見
の「たたき台」を作成することができます。そうすることで自分自身の
文章表現の幅を広げ，的確な評価文で表現することができます。

Column8

生成AIのガイドラインって？

　令和5年7月に文科省より，「初等中等教育段階における生成AIの利用に関する暫定的なガイドライン」が公示されました。これには「機動的な改訂を想定」と記されており，今後も様々な技術の発展やトラブルの発生等でフレキシブルに改訂されていくものと思われます。

〈主な生成AIの利用規約〉

　　ChatGPT（OpenAI）…13歳以上。18歳未満は保護者の同意が必要

　　Bing Chat（Microsoft）…成年。未成年は保護者の同意が必要

　　Gemini（Google）…18歳以上。

〈生成AIの活用が適切でないと考えられる例〉

- ・生成AIについての学習を十分に行わず自由に使わせること。
- ・生成AIによる生成物を自分のものとして応募・提出すること。
- ・子供の感性や独創性を発揮させたい場面等で安易に使わせること。
- ・調べ学習などで教科書等の教材を用いる前に安易に使わせること。
- ・教師の評価として安易に生成AIから生徒に対し回答させること。
- ・定期考査や小テストなどで子どもたちに使わせること。
- ・児童生徒の学習評価を，教師がAIからの出力のみをもって行うこと。
- ・教師が，安易に生成AIに相談させること。

〈生成AIの活用が考えられる例〉

- ・生成AIの誤りを教材として，その性質や限界に気付かせること。
- ・生成AIをめぐる社会的論議の過程で，素材として活用させること。
- ・議論やまとめをした上で活用し，不足の視点を見つけ議論を深めること。
- ・英会話の相手として活用や，自然な英語表現への改善に活用すること。
- ・外国人児童生徒等の日本語学習のために活用させること。
- ・自作の文章を生成AIで修正・推敲して，文章をよりよくすること。
- ・発展的な学習として，高度なプログラミングを行わせること。
- ・生成AIを活用したパフォーマンステストを行うこと。

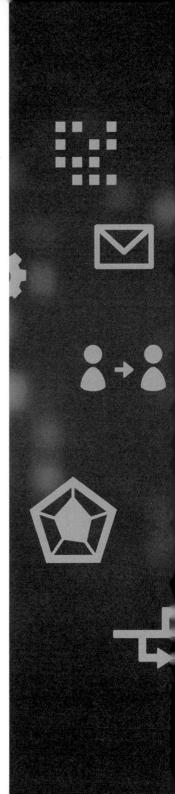

付録

情報活用能力
カリキュラム

情報活用能力カリキュラム

●身につけるべき情報スキル（知識及び技能）

1〜2年生	3〜4年生	5〜6年生
（操作） ・PC の起動や終了 ・写真撮影 ・ファイルの呼び出しや保存 ・ペイント系アプリの操作 ・キーボード操作 ・手書き，かな，音声入力 **（調査）** ・身近なところから情報収集 ・情報の比較 ・情報の大体を捉える ・簡単な絵や図，表やグラフを用いた情報の整理 ・情報を組み合わせる **（表現）** ・相手に伝わるようなプレゼンテーション **（振り返り）** ・情報活用を振り返り，良さを確かめる	**（操作）** ・キーボードよる文字の正しい入力方法 ・ローマ字入力 ・ファイルの検索 ・ネット情報の閲覧・検索 ・映像編集アプリの操作 **（調査）** ・調査や資料等による基本的な情報の収集 ・考えと理由，全体と中心などの情報と情報の関係 ・情報の比較や分類の仕方 ・観点を決めた表やグラフを用いた情報の整理の方法 ・情報の特徴，傾向，変化を捉える **（表現）** ・自他の情報を組み合わせて表現 ・相手や目的を意識したプレゼンテーション **（振り返り）** ・目的を意識した情報活用の見通し ・情報の活用を振り返り，改善点を見出す	**（操作）** ・キーボードなどによる文字の正確な入力 ・ファイルのフォルダ管理 ・目的に応じたアプリの選択と操作 ・電子的な情報の送受信やAND，OR などを用いた検索 **（調査）** ・調査や実験・観察等による情報の収集と検証 ・原因と結果など情報と情報の関係 ・情報と情報の関係付けの仕方 ・目的に応じた表やグラフを用いた情報の整理 ・複数の観点から情報の傾向と変化を捉える **（表現）** ・複数の表現手段を組み合わせて表現する ・聞き手とのやりとりを含む効果的なプレゼンテーション **（振り返り）** ・情報及び情報技術の活用を振り返り，効果や改善点を見出す

●身につけるべき情報リテラシー（思考力，判断力，表現力等）

1〜2年生	3〜4年生	5〜6年生
（プログラミング的思考） ・大きな事象の分解と組み合わせの体験 **（問題解決）** ・体験や活動から疑問をもち，解決の手順を見通したり分解したりして，どのような手順の組み合わせが必要か考えて実行する	**（プログラミング的思考）** ・単純な繰り返し・条件分岐，データや変数などを含んだプログラムの作成 ・手順の図示 **（問題解決）** ・収集した情報から課題を見つけ，解決に向けた活動を実現するために情報の活用の見通しを立て，実行する	**（プログラミング的思考）** ・意図した処理を行うための最適なプログラムの作成，評価，改善 ・図示（フローチャートなど）による単純な手順（アルゴリズム）の表現方法 **（問題解決）** ・問題の解決に向け，条件を踏まえて情報活用の計画を立て最適化し，解決に向けた計画を複数立案し，評価改善しながら実行する

●身につけるべきデジタルシチズンシップ（学びに向かう力，人間性等）

1〜2年生	3〜4年生	5〜6年生
（モラル） ・人の作ったものを大切にする ・他者に伝えてはいけない情報がある ・コンピュータなどを利用するときの基本的なルール **（情報活用の態度）** ・事象と関係する情報を見つけようとする ・情報を複数の視点から捉えようとする ・問題解決における情報の大切さを意識して行動する	**（モラル）** ・自分の情報や他人の情報の大切さ ・個人情報の保護 ・生活の中で必要となる情報セキュリティ ・情報の発信や情報をやりとりする責任 **（情報活用の態度）** ・情報同士のつながりを見つけようとする ・新たな視点を受け入れて検討しようとする ・目的に応じて情報の活用の見通しを立てようとする	**（モラル）** ・情報に関する自分や他者の権利（肖像権・著作権） ・通信ネットワーク上のルールやマナー ・情報を守るための方法 ・情報技術の悪用の危険性 ・発信した情報や情報社会での行動が及ぼす影響 ・情報メディアの利用による健康への影響 **（情報活用の態度）** ・情報を構造的に理解する ・物事を批判的に考察する ・複数の視点を想定して計画

（文科省／情報活用能力の体系表例を参考に作成）

おわりに ―私の教頭としての４年間―

　私が教頭を拝命したのは2020年。未知のウイルスに社会全体が戸惑いと不安に包まれ，３月には臨時休校。さらに新学期がスタートして束の間，全国一斉に再び５月末まで臨時休校となり，休業期間に子どもたちの学習をどう保障するかが大きな課題となりました。この年は，新学習指導要領が小学校で完全実施される年でもあり，授業観や評価観を改善し，新しい学力観を学校として教育課程に反映させていく必要もありました。さらに本校は，校舎改築のために全校児童がプレハブの仮設校舎に引越しをしての新学期でもあり，臨時休校が開けてからも新型コロナが収束したわけではなく，新学習指導要領，校内環境面にも課題がありました。このような中，学校の方針を決めるリーダーは学校長ですが，具体的に計画を立て陣頭指揮をとるのは教頭の役目です。毎日が不安の日々でした。

　１年目の課題は，臨時休校や学級閉鎖の中，子どもたちの健康管理をどう確認するか，学習をどう届けるかということでした。当時，指示したのは，学校ホームページをプラットホームにした家庭学習課題の配信です。先生たちに学び方を示す時間割を毎日発行してもらい，学校ホームページで公開しました。パワポでスライドを作成したり，YouTube で動画を配信するなどしました。健康観察は，「Zoom」を活用して，子どもたちと朝の会や帰りの会を実施しました。久しぶりに対面する子どもたちに，教員も保護者も安堵したことを覚えています。臨時休校が開けてから問題となったのは「授業時数」の問題です。減少した授業時数の中で，学習内容を担保するにはカリキュラムマネジメントが必要不可欠でした。私が，計画時数を「半分」にし圧縮授業を展開することを指示しました。これを可能にするのがやはり「ICT」でした。授業展開をスライドにする，教育動画を見るなど，ICT を効果的に使い，効率的な指導を先生たちに指示していきました。

　２年目はいよいよ１人１台端末がプレハブ校舎にも配備されました。この年の12月には新校舎への引越しが待っていましたが，忙しさを理由に１人１

台端末の活用に消極的にならないように教頭として先生たちに出した指示は「毎日使うこと」です。一日の端末の使用モデルと指導カリキュラムの提案をしました。そして、丁寧に「GIGA スクール構想」のねらいを説明し、みんなで足並みを揃えていきましょう、と約束しました。その第一歩が SAMR モデルで言う「Substitution（代替）」です。苦手な先生のところにはサポートをしにいきながら、端末を活用している様子を保護者に学校ホームページで伝えていきました。私の役目は「価値づけ」です。決して否定はしません。先生たちのがんばりをとにかく評価し、共有していくことでした。すると、さすがは「教えるプロ」の先生たちです。どんどんアイディアを駆使してデジタルのよさを生かした授業を展開するようになりました。SAMR モデルで言う Augmentation（増強）の姿でした。

　3年目は学校研究の本格的始動で学校長から学校研究の本丸が「ICT 活用」と明示されました。この強いリーダーシップによって、授業研究の中で1人1台端末をどのように活用するか、どのような効果を狙うか、どのように協働的な学びを創り出すかといった「授業観」の変容が見られ、ノートや板書のない授業が増えていきました。少しずつ、SAMR モデルで言う Modification（変容）の姿が見られるようになってきました。

　そして4年目。新型コロナウイルスも5類移行となり、全ての教育活動が完全実施となりました。本校では ICT 活用が当たり前となり、子どもたちは毎時間端末を開いて学んでいます。次年度には、研究会も計画しています。新しい教育過程を「Redefinition（再定義）」できればと考えています。

　本書はそのような教職員の日々の実践をヒントに生まれた実践集と言っても過言ではありません。4年間、私を支えてくれた職員のみなさま、ありがとうございました。

　最後に、本書発行の機会を与えてくださった明治図書の及川誠さん、校正をしていただいた杉浦佐和子さんに感謝を申し上げます。

2024年6月　朝倉　一民

【著者紹介】

朝倉　一民（あさくら　かずひと）

札幌国際大学教授。29年間札幌市で教員を務め，最後の4年間は教頭を務めた。2009年日教弘教育賞全国奨励賞受賞（個人部門），2010年・2011年全日本小学校HP大賞都道府県優秀校受賞，2014年日教弘全国最優秀賞受賞（学校部門・執筆），2015年パナソニック教育財団実践研究助成優秀賞受賞，2016年北海道NIE優秀実践報告受賞。

【所属・資格】札幌雪学習プロジェクト，北海道NIE研究会，IntelMasterTeacher，NIEアドバイザー，文科省学校DX戦略アドバイザー

【単著】
『子ども熱中！　小学社会「アクティブ・ラーニング」授業モデル』（明治図書）
『主体的・対話的で深い学びを実現する！　板書＆展開例でよくわかる　社会科授業づくりの教科書』シリーズ（明治図書）
『主体的・対話的で深い学びを実現する！　社会科授業ワーク大全』シリーズ（明治図書）
『ICTで変わる社会科授業　はじめの一歩　1人1台端末を活かす授業デザイン』（明治図書）
『ICTで変わる社会科授業　実践編　ICTで育てる社会科スキル55』（明治図書）

苦手でもできる！ICT & AI超入門
個別最適な授業づくりから仕事術まで

2024年7月初版第1刷刊　©著　者　朝　倉　一　民
　　　　　　　　　　発行者　藤　原　光　政
　　　　　　　　　　発行所　明治図書出版株式会社
　　　　　　　　　　　　　　http://www.meijitosho.co.jp
　　　　　　　　　　（企画）及川　誠（校正）杉浦佐和子
　　　　　　　　　　〒114-0023　東京都北区滝野川7-46-1
　　　　　　　　　　振替00160-5-151318　電話03(5907)6703
　　　　　　　　　　ご注文窓口　電話03(5907)6668
＊検印省略　　　　　組版所　藤　原　印　刷　株　式　会　社

Printed in Japan　　　　　　ISBN978-4-18-163319-6
もれなくクーポンがもらえる！読者アンケートはこちらから